北大版留学生本科汉语教材·语言技能系列

汉语
初级强化教程
综合课本 II

Intensive Elementary Chinese Course

A Comprehensive Book II

主编：肖奚强　朱　敏

编著（以姓氏拼音排列）：

段轶娜　范　伟
梁社会　沈灿淑
魏庭新　张　勤
朱　敏

翻译：沈　冲

图书在版编目(CIP)数据

汉语初级强化教程.综合课本Ⅱ/肖奚强，朱敏主编.—北京：北京大学出版社，2008.9
（北大版留学生本科汉语教材·语言技能系列）
ISBN 978-7-301-14226-4

Ⅰ.汉… Ⅱ.①肖… ②朱… Ⅲ.汉语—对外汉语教学—教材 Ⅳ.H195.4

中国版本图书馆CIP数据核字（2008）第138368号

书　　　　名：汉语初级强化教程·综合课本Ⅱ
著作责任者：肖奚强　朱　敏　主编
责　任　编　辑：孙　娴（suzannex@126.com）
标　准　书　号：ISBN 978-7-301-14226-4/H·2061
出　版　发　行：北京大学出版社
地　　　　址：北京市海淀区成府路205号　100871
网　　　　址：http://www.pup.cn
电　　　　话：邮购部 62752015　　发行部 62750672　　编辑部 62752028
　　　　　　　出版部 62754962
印　刷　者：大厂回族自治县彩虹印刷有限公司
经　销　者：新华书店
　　　　　　　787毫米×1092毫米　　16开本　　22印张　　380千字
　　　　　　　2008年9月第1版　　2021年1月第8次印刷
定　　　　价：68.00元（含MP3盘1张）

未经许可，不得以任何方式复制或抄袭本书之部分或全部内容。
版权所有，侵权必究
举报电话：010-62752024　　电子信箱：fd@pup.pku.edu.cn

前言

对外汉语初级教材经过多年的建设,已经取得了相当的成绩,比如:教材的数量以较快的速度增长,教材的种类不断丰富;教材编写的理论研究和经验总结也不断深入和加强;等等。但是,已有的初级汉语系列教材在教学内容、教学重点,结构、功能和文化的相互配合,课程之间的相互配套等方面还有许多需要改进的方面。因此,我们从教学实践出发,编写了这套《汉语初级强化教程》系列教材,希望能够为初级汉语教材建设添砖加瓦。

编写本套教材的基本原则为三个结合:综合与听说相结合、结构与功能相结合、语言与文化相结合。

(一)综合汉语教材与听说教材的课文,在内容和形式上密切配合,相互容让,注重词汇和语法点的互现和循环。全套教材由一套人马统一编写,避免两种教材众人分头编写,相互不配套,难以施教的现象。

(二)针对目前初级汉语教学中听力和说话分别开课,两门课的教材、教学内容不配套现象严重(或互不相干或重复重叠)的现状,我们将听和说整合为一本教材、一门课,改变目前听说分课,教材不配套,教学相互牵扯的现状。

(三)注重结构、功能和文化的结合,以结构为主线,辅以交际功能,穿插文化背景介绍;加强教材的知识性、实用性和趣味性。

(四)教材中的所有词汇、语法点均与汉语水平考试大纲、对外汉语教学大纲相对照,确保词汇、语法学习的循序渐进,尽可能避免生词、语法的超纲。当然,对于学生学习和交际急需而现行大纲缺少或等级较高的词语,我们也本着实用的原则,适当加入。

(五)本套系列教材的所有编写人员均参与教材的试用,直接吸收教学中的反馈,并在四个平行班试用两年的基础之上进行了修改完善。

本套系列教材按《汉语初级强化教程·综合课本》、《汉语初级强化教程·听说课本》分课编写,主要供汉语言专业本科生、进修生和汉语预科生一学年使用（建议综合汉语课与听说课之比为5：4）。为了便于不同起点的班级选用，我们将上下学期使用的《汉语初级强化教程·综合课本》和《汉语初级强化教程·听说课本》各分为两册，即综合课本和听说课本各为1—4册。

本教程由主编提出整体构想和编写原则与大纲，编写组讨论完善后分头编写。具体分工如下：

朱敏编写综合课本、听说课本的1—5课，41—45课，综合课本第6课。

沈灿淑编写综合课本7—12课，听说课本6—8课、10—12课，综合课本、听说课本的46—50课。

范伟编写综合课本、听说课本的13—16课、51—55课，综合课本第25课，听说课本第9、19、25课。

段轶娜编写综合课本、听说课本的17、18、20—22课、56—60课，综合课本第19课。

魏庭新编写综合课本、听说课本的23、24、26—28课、30、61—65课。

张勤编写综合课本、听说课本的29、31—35课，66—70课。

梁社会与张勤合编综合课本、听说课本第36课，与沈灿淑合编第37课，与范伟合编第38、39课，与魏庭新合编第40课。

全书由主编修改定稿。

本套系列教材从策划、编写、试用到出版历时两年有余。从2005年9月至2007年6月在南京师范大学国际文化教育学院理工农医经贸专业汉语预科生的四个平行班试用了两学年，教学效果良好，从形式到内容都受到留学生的欢迎和好评。作为听说合一、综合课与听说课密切配合编写教材的一种尝试，不足之处在所难免，希望得到专家学者和使用本教材教师的批评指正。

编　者

略语表 Abbreviation

形容词	adj.
副词	adv.
助动词	aux.
黏着形式	b. f.
连词	conj.
感叹词	intj.
名量词	m.(n.)
动量词	m.(v.)
名词	n.
数词	num.
象声词	on.
助词	particle
代词	pr.
前缀	pref.
介词	prep.
后缀	suf.
动词	v.
动宾离合词（如"开玩笑"）	v. o.
动补词	v.(c.)
动名兼类词（如"争议"）	v., n.

目 录
CONTENTS

1	第二十一课	画得太漂亮了
16	第二十二课	你去哪儿了？
33	第二十三课	丁荣只穿了一件衬衫
52	第二十四课	王明想了一晚上
69	第二十五课	复习（五）
78	第二十六课	火车票比飞机票便宜
95	第二十七课	我们国家跟中国不一样
114	第二十八课	妈妈的生日快要到了
132	第二十九课	波伟从上海回来了
150	第 三 十 课	复习（六）
160	第三十一课	我以前没有来过中国
180	第三十二课	衣服都被雨淋湿了
199	第三十三课	车里还放着音乐呢
219	第三十四课	我们家是五年前搬进来的

I

| 235 | 第三十五课 | 复习（七） |

245	第三十六课	我高兴得跳了起来
262	第三十七课	别把证件弄丢了
281	第三十八课	在北京全聚德吃烤鸭
298	第三十九课	参观南京长江大桥

| 320 | 第 四 十 课 | 复习（八） |

331	语法项目索引
333	重点词语索引
334	功能项目索引
335	词语总表

第二十一课　画得太漂亮了

Lesson 21　The picture is well drawn

语法项目 Grammar：

1. 程度补语（2）：……极了

   画儿画得好极了。

2. 太……了：

   他画得太漂亮了。

3. 询问原因：

   进步怎么这么快？

4. 状语和结构助词"地"：

   波伟每天都很认真地练习。

5. 因果复句：

   因为才九点，所以银行里的人不多。

重点词语 Key Words：

1. 才（2）：

   因为才九点，所以银行里的人不多。

2. 这么：

   进步怎么这么快？

功能项目 Activities：

评价、取钱

一、课文 Text

(一) 画得太漂亮了

波伟对中国特别感兴趣,中国的历史、经济、文化,他都非常喜欢。最近他在跟一位中国老师学画中国画。这位老师的画儿画得好极了,所以跟他学画儿的人特别多。老师教得很认真,大家学得也很快。特别是波伟,学得非常快,老师对他的进步感到非常满意。波伟给我看他的画儿,我觉得他画得太漂亮了。我很奇怪,他学画画儿才两三个月,进步怎么这么快?后来,我才知道,波伟每天都很认真地练习,所以进步快极了。我觉得我们在学习汉语的时候,也要认真努力地练习。

(二) 我去银行取钱

今天上午,我去银行取钱。因为才九点,所以银行里的人不多。我先从门口的机器上取了一个号码,然后坐在沙发上等银行职员叫我。几分钟以后，就听见广播里叫我的号码。银行职员热情地问我要办什么，我说我要取一千美元。她很有礼貌地让我给她看看护照，然后很快地在电脑上开始工作，最后，她让我在一张单子上面写名字。因为我没有人民币，所以还想换点儿钱。银行职员很热情地帮我换钱，还让我出去的时候注意安全。我觉得银行里的工作人员态度很好，我对他们的服务很满意。

二、生词 New Words

1. 历史	n.	lìshǐ	history, past records	甲
2. 经济	n.	jīngjì	economy	甲
3. 极了	suf.	jíle	extremely, very	甲
4. 进步	v., adj.	jìnbù	progress, advance, improve	乙
5. 感到	v.	gǎndào	feel, sense	甲

6.	奇怪	adj.	qíguài	odd, queer, strange	乙
7.	这么	pr.	zhème	so, such	甲
8.	后来	n.	hòulái	later, afterwards	乙
9.	认真	adj.	rènzhēn	serious-minded, conscientious, earnest	甲
10.	地	part.	de	used after an adverbial	甲
11.	取	v.	qǔ	take, get, obtain, gain	乙
12.	因为	conj.	yīnwèi	because, owing to	甲
13.	机器	n.	jīqì	machine, machinery, engine	甲
14.	沙发	n.	shāfā	sofa, couch, settee	乙
15.	听见	v. (c.)	tīngjiàn	hear	甲
16.	广播	v., n.	guǎngbō	broadcasting, radio	甲
17.	礼貌	n.	lǐmào	manners, politeness	乙
18.	单子	n.	dānzi	list (of items), bill, form	
19.	注意	v.	zhùyì	pay attention to	甲
20.	安全	adj.	ānquán	safe, secure; safety	乙
21.	人员	n.	rényuán	personnel, staff, crew	乙
22.	态度	n.	tàidu	attitude, approach, manner	甲
23.	服务	n., v.	fúwù	be in the service of, serve	甲

本课新字 New Characters

历 史 济 极 奇 怪 取 因 器 沙
广 播 貌 单 注 全 态 度 务

三、汉字知识 About Chinese Characters

偏旁——巾、𧾷   Radicals 巾 and 𧾷

1. 巾——巾字旁（jīnzìpáng）

"巾"旁的汉字意思大都与布有关。如：

Characters with radical 巾 has the meaning connected with cloth. For example:

帽　　帐

2. 𧾷——足字旁（zúzìpáng）

"𧾷"大多用在字的左边，意义多与脚或脚的动作有关。如：

Radical 𧾷 is frequently used as the left component of a character. The meaning of characters with radical 𧾷 mainly relates to foot or the action with foot. For example:

跟　　跑

有时它也用在字的下边，如：

Sometimes it is also used as the bottom component of a character. For example:

蹙　　蹩

四、语法 Grammar

（一）程度补语（2）：……极了   Complement of degree（2）：……极了

我们学过了用"……+得很"表示的程度补语，今天我们要学习另一种："……+极了"，意思是"非常"。如：

We have learnt one type of complement of degree expressed by the structure "……+得很". Today we will study another one expressed by the structure "……+极了", meaning "very much". For example:

	……	+	极了
（1）这只小狗	可爱		极了。
（2）我考试考得很好，爸爸妈妈	高兴		极了。
（3）我的头	疼		极了。
（4）这本书我	喜欢		极了。

（二）太……了 Too

"太"可以表示程度过头。多用于不如意的事情。句末常用"了"。如：

太 may be used to indicate a fullsome degree, mainly meaning something unsatisfactory. After used in the sentence where things happens as speaker's wish, 了 is often used at the end. For example:

（1）这件衣服太大了。

（2）车开得太快了。

"太"可以表示程度高。多用于赞叹。形容词、动词大多是褒义的。句末常常带"了"。如：

The word 太 may indicate a high degree, mainly used in praising most of the verbs and adjectives following it are commendatory ones. The word 了 is often used at the end of the sentence. For example:

（3）太好了！

（4）今天我太高兴了！

（三）询问原因 Inquire about reasons

"怎么+动词/形容词"用来询问原因，相当于"为什么"。"怎么"也可以放在主语前面。如：

The structure "怎么 + v. / adj." is used for inquiring about reasons, of which the meaning equals "why". 怎么 can also be put before the subject. For example:

（1）你怎么来了？

（2）你今天怎么晚了？

(3) 怎么今天这么冷？

(4) 怎么他这么快就来了？

（四）状语和结构助词"地" Adverbial and structure auxiliary word 地

结构助词"地"是句中状语的标志。"地"前面的状语多为形容词，有时可以是动词或名词。如：

地，the structure auxiliary word, is a symbol of adverbial in a sentence. Usually, the adverbial before 地 is an adjective, but sometimes, it can also be a verb or a noun. For example:

(1) 波伟很高兴地说："我喜欢画画儿。"

(2) 丁荣上课时认真地听课。

(3) 雨不停地下。

(4) 这些问题不能都解决，也要部分地解决。

双音节形容词做状语后面一般要用"地"。但有些形容词经常跟动词组合成状中结构，"地"可以用也可以不用。如果形容词前有程度副词，一般要用"地"。如：

Disyllabic adjective when being as an adverbial "地" should be used behind. But in some adverbial structure where an adjective and a verb often used in pairs, "地" may or may not be used. If there is an adverb of degree before an adjective, "地" may usually be used. For example:

(5) 波伟很努力地练习。

＊波伟很努力练习。

（五）因果复句 Cause-result complex sentence

"因为……所以……"连接一个因果复句，表示事情的原因和结果。"因为"用在前一分句，"所以"用在后一分句开头。前后两分句主语不同时，"因为"在主语前。主语相同时，主语可以在"因为"的前面，也可以在后一个分句。如：

The structure "因为……所以……" connects a cause-result complex,

indicating the cause and result. 因为 is used in the first clause, indicating the cauing and 所以 is used in the second clause, indicating the result. For example:

（1）因为天气不太好，所以我们不出去玩。

（2）因为我一直很忙，所以现在才来看你。

（3）我因为没有时间，所以现在才来看你。

有时"因为"和"所以"可以单独使用，"因为"单独使用时一般放在后一小句。如：

Sometimes, 因为 and 所以 can be used alone. 因为 is put in the second clause when it is used alone. For example:

（4）我生病了，所以今天就没去上课。

（5）我有事，所以昨天我没去找你。

（6）我今天没去上课，因为我觉得身体不舒服。

（7）昨天我没去找你，因为我有事。

五、重点词语 Key Words

（一）才（2） only

［副词］"才"在这里表示数量少，程度低。意思是"只"。如：

［adv.］才 indicates a small quantity or at a low degree, meaning 只 (only). For example:

（1）一共才十六个，太少了。

（2）这个孩子才六岁，就认识不少汉字。

（二）这么 so, such

［代词］指示代词"这么"指示程度。"这么+形容词"强调说话人的感叹语气，意思是"非常、多么"。"这么"有略带夸张、使语言生动的作用。如：

[pron.] 这么 is a demonstrative pronoun indicating degree. The structure 这么+形容词 emphasizes the exclamation of the speaker, meaning "very, so much". The phrases 这么 has a slight exaggerated sense, but makes the speech vivid. For example:

（1）你的汉语说得这么好，我真没想到。

（2）哇，这儿这么漂亮。

六、练习 Exercises

（一）朗读短语　Read the following phrases

漂亮极了	多极了	容易极了	冷极了
高兴地问	不高兴地说	很努力地学	很认真地听
怎么这么慢	怎么这么好	怎么不说	怎么不想
太快了	太慢了	太漂亮了	太好了
才五岁	才九个月	才一点	才二十个人
这么好看	这么好吃	这么有意思	这么感兴趣

（二）替换练习　Substitutions

1. A：他 学习 怎么样？
   B：好极了。

她	画画儿	漂亮
这个	电影	好看
丁荣	跳舞	好
你同屋	唱歌	难听

2. A：你怎么不 去上课 ？
   B：我 不舒服 。

喝水	不渴
吃饭	不饿
看书	有点儿累
去锻炼身体	想睡觉

3. A：你的 汉语 说得这么好，
 　　怎么学的？
 B：哪里哪里。

汉字	写
篮球	打
画儿	画
舞	跳

4. 这个公园 太 美了！

中国	大
这件衣服	贵
你做的菜	好吃
衣服的颜色	深

（三）根据课文回答问题　Answer the questions according to the text

1. 波伟对什么感兴趣？
2. 波伟最近在做什么？
3. 波伟的画儿画得怎么样？
4. 波伟进步为什么这么快？
5. "我"去银行的时候，里边的人多吗？
6. 去银行取美元要带什么？
7. "我"要换多少美元的人民币？
8. "我"觉得这家银行怎么样？

（四）选词填空　Fill in the blanks

这么　才　极了　服务　因为　所以　注意　奇怪　取　礼貌

1. 这次考试考得很好，他高兴_____。
2. 波伟今天没去上课，_____他身体不舒服。
3. 波伟是个很有_____的学生，看见老师就说"你好"。

4. 妈妈打电话的时候，经常告诉我，一个人在外面要_____安全。

5. 她_____六岁，很多事情都不懂。

6. 我不知道作业是什么，_____我没做。

7. 因为这家饭店_____很好，所以来这儿吃饭的人多极了。

8. 我打算明天上午陪同屋去银行_____钱。

9. _____晚了，你就在我这儿住一个晚上吧。

10. 我一直都很_____，他为什么要这么做。

的　地　得

1. 老师说下午_____课明天再上。

2. 她每次在路上看见我的时候，都会很热情_____和我说话。

3. 我们_____学校又大又漂亮，我们很喜欢在学校里散步。

4. 这篇文章她看_____很仔细。

5. 他唱歌唱_____好听极了。

6. 爸爸妈妈高兴_____告诉我，下个星期我们去北京旅行。

（五）把括号里的词填入适当的位置

Put the words in the parentheses at the proper position

1. 他 A 来中国 B 三四个月 C，汉语 D 说得不好。　　　　　（才）

2. 我听朋友 A 说你 B 的 C 球打 D 好极了。　　　　　　　（得）

3. 丁荣 A 今天 B 穿的衣服 C 漂亮 D。　　　　　　　　　（极了）

4. A 我 B 不想休息，C 我要看书，D 下个星期有考试。　（因为）

5. 我 A 要 B 跟我的朋友一起 C 去电影院 D 看电影。　　　（想）

6. A 老师让我问你 B 今天 C 没去 D 上课。　　　　　　　（怎么）

7. 波伟上课的时候一直 A 都很认真 B 很努力 C 听老师讲课 D。（地）

8. 今天，医院里 A 人 B 多了，我们明天 C 再 D 来吧。　　（太）

(六) 连词成句 **Make up sentences with the words given**

例： 去 吃 食堂 我 饭
我去食堂吃饭。

1. 件 极了 衣服 这 便宜

2. 现在 八 早上 才 点

3. 怎么 你 今天 晚 回来 才 这么

4. 极了 的 他 汉语 得 好 学

5. 因为 很 所以 妈妈 今天 忙 做饭 我

6. 老师 给 新同学 地 高兴 介绍 大家

7. 跳舞 得 了 太 跳 他 好

8. 觉得 他们 很 态度 的 我 不错

(七) 改错句 **Correct the following sentences**

1. 他五岁才就会写很多字。
2. 我看见他很高兴得和老师说话。
3. 他因为没来上课，所以生病。
4. 今天老师说他汉字写得漂亮得极了。
5. 认识你我太高兴！

6. 你怎么样不告诉我你知道这个消息？

7. 星期五下午去操场上打球的留学生们多极了。

8. 他每天都很努力学习。

（八）选用给出的词语（至少十个）写一段话：不少于 **120** 字，题目自定。
Choose at least 10 words to write a passage with over 120 characters

极了　得很　学习　玩　练习　怎么　这么　认真　努力　热情
态度　服务　注意　太　礼貌　感到

（九）请用下列偏旁写出至少三个汉字
Write at least three characters with each of the following radicals

足：＿＿＿＿＿　＿＿＿＿＿　＿＿＿＿＿

巾：＿＿＿＿＿　＿＿＿＿＿　＿＿＿＿＿

（十）描写汉字　**Trace the characters**

史	丶	口	口	史	史		
济	丶	冫	氵	汀	浐	浐	济
极	一	十	才	木	朷	极	
奇	一	ナ	大	仐	夳	夳	奇
怪	丶	忄	忄	怀	怿	怿	怪
取	一	厂	丌	丌	耳	取	取
因	丨	冂	円	円	困	因	

器	丶	口	口	吅	吅	吅	哭	哭
	哭	哭	器	器	器	器		
沙	丶	丶	氵	沙	沙	沙		
广	丶	亠	广					
播	一	十	扌	扩	护	护	押	採
	採	採	播	播	播	播		
貌	丶	丷	丷	乡	豸	豸	豸	豸
	豹	豹	豹	貌	貌			
单	丶	丷	丷	当	当	单	单	
注	丶	丶	氵	汁	汁	汢	注	
全	丿	人	仐	仐	全			
态	一	大	大	太	态	态	态	
度	丶	亠	广	广	庐	庐	度	度
务	丿	夂	夂	务	务			

第二十一课　画得太漂亮了

文化小贴士 **Proverbs**

满招损，谦受益。

Mǎn zhāo sǔn, qiān shòu yì.

One loses by pride and gains by modesty.

本课听说生词
New words in listening exercises

懒　不满　聪明　起　考　级　　醒　爬　山
疼　药　　长途　照　开　账户　复印　存　国外

第二十二课　你去哪儿了？

Lesson 22　Where did you go?

语法项目 Grammar：

1. 语气助词"了"（1）：

   你去哪儿了？

2. 疑问句（12）：

   你买火车票没有？

3. 反问句（1）：

   学校附近不是没有地铁站吗？

重点词语 Key Words：

1. 另外：

   另外，还想问问安德帮他买票没有。

2. 刚才：

   你刚才去哪儿了？

3. 还：

   婚礼还没开始。

4. 一点儿：

   喝一点儿茶。

功能项目 Activities：

交通、婚礼

第二十二课　你去哪儿了？

一、课文 Text

(一) 你去哪儿了？

昨天下午，波伟去安德的宿舍了，想问他几个问题，另外，还想问问安德帮他买票没有，可是安德不在。五点半，安德回来了。波伟问安德刚才去哪儿了，怎么这么长时间才回来。安德解释说，他下午两点就送朋友去火车站了。去的时候，半个小时就到了。但是回来的时候，车特别多，坐公共汽车一个半小时才到。波伟问他怎么不坐地铁回来，地铁又快又方便，也很便宜。安德听了，非常吃惊，"我们学校附近不是没有地铁站吗？"波伟让安德仔细想想。"哎呀，对了，前门超市旁边就有地铁站，那次去超市买东西的时候，我们还说有空儿一定要坐坐地铁呢。"波伟一边笑，一边说："下次去火车站一定要坐地铁！"

(二) 我去参加朋友姐姐的婚礼了

上个星期六，王明的姐姐结婚，王明邀请我去参加他姐姐的婚礼，我很高兴地答应了。

星期六，我很早就起床了。我先让同屋陪我去商店选择礼物，然后坐公共汽车去饭店。进饭店以后，王明给我介绍他的姐姐和姐姐的丈夫。他们都在一所工业大学当老师，姐姐在英语系，姐夫在物理系。他们很高兴我能去参加他们的婚礼。他们这儿的婚礼都是在晚上举行，我到得早了一点儿，婚礼还没开始，所以，王明让我先坐坐，喝一点儿茶。六点三十八分，婚礼开始了。大家喝酒、唱歌，祝姐姐、姐夫生活幸福。婚礼热闹极了，十点才结束。

那一天我过得非常愉快。

第二十二课 你去哪儿了？

二、生词 New Words

1. 了	part., v.	le	*a particle which indicates the completion of an action or a change*	甲
2. 问题	n.	wèntí	question, problem, issue	甲
3. 另外	adv., pr., conj.	lìngwài	in addition; moreover; besides	乙
4. 票	n., b.f.	piào	ticket, note	甲
5. 回来	v. (c.)	huílai	come back	甲
6. 刚才	n.	gāngcái	just now	甲
7. 解释	v., n.	jiěshì	explain; explanation	乙
8. 地铁	n.	dìtiě	metro underground (railway)	丁
9. 吃惊	v. o.	chī jīng	be surprised, be startled	乙
10. 仔细	adj.	zǐxì	careful, attentive	乙
11. 哎呀	intj.	āiyā	expressing surprise	乙
12. 一定	adv.	yídìng	surely, necessarily, fixed	甲
13. 婚礼	n.	hūnlǐ	wedding ceremony	
14. 结婚	v. o.	jié hūn	marry, get married	乙
15. 邀请	v.	yāoqǐng	invite, calling	乙
16. 答应	v.	dāying	answer, respond; agree	乙
17. 选择	v.	xuǎnzé	choose, select, pick	乙
18. 丈夫	n.	zhàngfu	husband, man	乙
19. 所	m.(n.)	suǒ	*a measure word used for houses, etc.*	乙
20. 工业	n.	gōngyè	industry	甲

21. 系	n., v.	xì	system, department	甲
22. 物理	n.	wùlǐ	physics	甲
23. 没	v., adv.	méi	not have, there is not	甲
24. 分	n.	fēn	minute(s)	甲
25. 幸福	adj., n.	xìngfú	happy, happiness	甲
26. 热闹	adj., v., n.	rènao	lively, have a jolly time, excitement	乙
27. 结束	v.	jiéshù	end, finish	甲

本课新字 New Characters

题 另 刚 释 铁 惊 仔 细 哎
呀 定 婚 结 邀 答 应 选 择
丈 夫 幸 福 闹 束

三、汉字知识 About Chinese Characters

偏旁——冫、纟 Radicals 冫 and 纟

1. 冫——两点水旁（liǎngdiǎnshuǐpáng）

用在字的左边，"冫"旁的字意思多与冰冻、寒冷有关。如：

Radical 冫 is used as the left component of a character. Characters with radical 冫 has the meaning connected with freezing and cold. For example:

冷　冬

2. 钅——金字旁（jīnzìpáng）

用在字的左边，"钅"旁的字意思多与金属有关。如：

Radical 钅 is used as the left component of a character. Characters with radical 钅 has the meaning connected with metal. For example:

铁　　银

四、语法 Grammar

（一）语气助词"了"（1）　The mood auxiliary word 了 (1)

"了"用在句末，表示肯定的语气。有成句的作用。

了 is used at the end of a sentence, indicating confirmation. It plays a role in forming a sentence.

表示动作已经发生，或者情况已经出现，句中常带有表示过去的时间词"昨天""已经"等。如：

It indicates that the action has already happened or some situations have already occurred. It is often used together with 昨天 (yesterday) and 已经 (already). For example:

（1）你昨天去哪儿了？
（2）我已经吃完了。

1. 否定式 Negative form：

……＋没(有)＋……
（1）我　　没　　喝酒。
（2）我　　没　　去商店。

注意：动词前用"没"表示否定意义时，句末一般不用"了"。如：

Notes: If 没 is used before a verb to indicate the negative meaning, 了 won't be used at the end of the sentence. For example:

（1）昨天我没去学校。
　　＊昨天我没去学校了。

（2）我没喝酒。

*我没喝酒了。

表示经常性动作时，句末也不能用"了"。如：

Even to express a frequently-happened action, 了 cannot be used at the end. For example:

（1）我每天早上都散步。

*我每天早上都散步了。

（2）我常常下课以后看电视。

*我常常下课以后看电视了。

2. 正反疑问句形式　Affirmative-negative questions form:

…… 了 ＋ 没有
（1）A：你吃饭　　了　　没有？
B：吃了。
（2）A：你写作业　了　　没有？
B：没写。

否定的回答也可以用"还没（有）……呢"，表示事件现在还没开始或完成，有时含有马上开始的意思。如：

Expression 还没（有）……呢 can be used as a negative reply. It indicates that something hasn't started or finished yet. Sometimes it implies that something will start soon. For example:

（1）A：你回去了没有？

　　　B：还没呢。

（2）A：你去超市了没有？

　　　B：还没呢。

（二）疑问句（12）　Interrogative sentence (12)

汉语中可以用"肯定形式＋没有"进行提问。如：

In Chinese "affirmative form ＋ 没有" is used to ask a question. For example:

（1）你今天看书没有？

（2）你帮我买票没有？

（三）反问句（1） Rhetorical questions (1)

反问句是用疑问的形式，强调肯定的内容。是无疑而问，一般不需要对方回答的一种问句。用"不是……吗"的格式，强调肯定，有时带有不满的语气。如：

A rhetorical question is to emphasize the affirmative content with the interrogative form. It is to ask a question without any doubt. It is unnecessary to get a reply. Structure "不是……吗" emphasizes the affirmation. Sometimes it indicates the mood of dissatisfaction. For example:

（1）你不是波伟吗？（我知道你是波伟。）

（2）不是下个星期才交吗？（应该是下个星期交。）

还可以用"没……吗"和"还不……（吗）"的格式强调肯定，提醒对方事情是这样的或是应该怎样做，有时带有不满的语气。如：

Structure "没……吗" and "还不……（吗）" have the same function to emphasize the affirmation. It reminds the listener that something ought to be done in this way or that. Sometimes it indicates the mood of dissatisfaction. For example:

（3）我没告诉你吗？不能这样做！（我已经告诉你了。）

（4）你还不明白吗？（你应该明白。）

五、重点词语 Key Words

（一）另外 in addition, moreover, besides

[副词] 指除了说过的以外。如：

[adv.] It means other than the things just said. For example:

（1）这件衣服你拿去穿吧，我另外还有一件。

（2）大家另外再想个办法吧。

[代词] 指上文所说范围之外的人或事。一般要带"的"。如：

[pron.] It means somebody or something beyond the above mentioned scope, and is usually used together with 的. For example:

(1) 你们三个人先走，另外的人坐公共汽车去。

(2) 今天先说这些事，另外的事明天再说吧。

[连词] 意思是"此外"。如：

[conj.] It means besides. For example:

(1) 我要说的就是这些，另外，还有一件事要告诉大家。

(2) 我们坐火车去北京，坐火车可以一边看风景一边聊天，另外，坐火车也很舒服。

(二) 刚才 just now

[名词] "刚才"指说话以前不久的时间。如：

[n.] It indicates the action happened just before the time of speaking. For example：

(1) 你刚才做什么去了？

(2) 刚才的歌不好听。

(三) 还 still

[副词] "还"表示动作或状态持续不变，意思是"仍然"。如：

[adv.] It indicates the action or state doesn't change, it means still. For example：

(1) 他还在教室看书。

(2) 他还没回家。

(四) 一点儿 a little

[数量词] "一点儿"可以做定语，用在名词的前面，修饰限制人或事物，表示少而不定的数量。如：

The quantifier 一点儿 can be used as an attributive before a noun to modify or restrict somebody or something, indicating a few but uncertain amount. For example:

（1）你买一点儿水果。

＊你买有点儿水果。

（2）我想学一点儿法语。

＊我想学有点儿法语。

"一点儿"还可以用在形容词后面。如：

The quantifier 一点儿 can also be used after an adjective. For example:

（1）你来得早了一点儿。

＊你来得一点儿早。

（2）这件衣服贵了一点儿。

＊这件衣服一点儿贵。

（3）这件衣服太长了，有没有短一点儿的？

"有点儿"也有表示"稍微"的意思，做状语，用在形容词前面。"有点儿"不能修饰限制人或事物，一般用在不如意的事情上。如：

The quantifier 有点儿 is used as an adverbial before an adjective, meaning "a little". It cannot be used to modify or restrict somebody or something. Usually it indicates something unsatisfactory. For example:

（1）汉语有点儿难。

＊汉语一点儿难。

（2）他今天有点儿不高兴。

＊他今天一点儿高兴。

六、练习 Exercises

（一）朗读短语　Read the following phrases

| 看比赛了 | 听音乐了 | 踢足球了 | 去朋友家了 |
| 看书了没有 | 买衣服了没有 | 回国了没有 | 想家了没有 |

还没看呢	还没买呢	还没回国呢	还没去呢
有点儿想家	有点儿难	一点儿水	快一点儿
刚才的电话	刚才才来	另外的人	另外的同学
不是星期一吗	不是听见了吗	不是看比赛了吗	不是他吗

（二）替换练习　　**Substitutions**

1. A：下午你做什么了？
   B：我去 打球 了。

超市买东西	
书店买书	
邮局寄信	
银行取钱	

2. A：昨天你 看比赛 了没有？
   B：没有。
   A：你做什么了？
   B：我 去图书馆看书 了。

写作业	睡觉
去超市	去逛商店
去公园	去朋友家
去看老师	去医院

3. A：这个怎么样？
   B：这 双 有一点儿 大 ，有没有 小一点儿 的？

张	贵	便宜
本	难	容易
件	深	浅

4. A：你不是 知道 了吗？
   B：不，我 不知道 。

写作业	没写
复习汉语	没复习
看电影	没看
回国	没回去

（三）选词填空　Fill in the blanks

> 另外　刚才　票　解释　幸福　邀请　答应　了　地铁　热闹

1. 他们的生活很_____。
2. 我还要跟你谈_____一件事情。
3. 你后天就回家了，买_____了吗？
4. _____那件衣服比较好看，这件你穿不太合适。
5. 昨天，波伟_____我们去参加他的生日晚会。
6. 我们不坐公共汽车，太慢了，我们坐_____去。
7. 你_____他的要求了没有？
8. 今天的作业你做_____没有？我不会做，你给我解释解释吧。
9. 我不想听，你_____也没有用。
10. 商场里有很多人，非常_____。

> 一点儿　　　有点儿

1. 这课的汉字_____难，那课的容易_____。
2. 她病了，中午只吃了_____饭。
3. 这件衣服_____大，能给我一件小_____的吗？
4. 我_____不舒服，给我_____水吧。
5. 这双鞋_____大，有没有小_____的？
6. 你是不是_____想家了？

（四）把括号里的词填入适当的位置

Put the words in the parentheses at the proper position

1. 上午你去 A 哪儿 B？李明爱来找你 C，你不在 D。　　（了）
2. 老师问 A 我 B 这本书我们学 C 没有 D。　　　　　　（了）
3. 你们 A 明天 B 才 C 考试 D 吗？　　　　　　　　　（不是）

4. 我想A去书店买本B书，C再买本D词典。　　　　（另外）

5. 老师让A我们B预习的新课你C预习了D?　　　　　（没有）

6. 昨天晚上我A没B睡觉，现在C困，想D睡一会儿。（有点儿）

7. A那件事我B还没有C告诉你呢D。　　　　　　　（刚才）

8. 那个房间A大B，你在那个C大的房间睡D吧。　　（一点儿）

（五）连词成句　Make up sentences with the words given

例：去　我　吃　食堂　饭

我去食堂吃饭。

1. 你　了　苹果　昨天　买　没有

_____

2. 丁荣　饿　她　说　有点儿

_____

3. 我　妈妈　去　东西　了　商店　买　和

_____

4. 我　我　时间　不想　也　另外　没有　去

_____

5. 的　叫　名字　广播里　你　刚才　了

_____

6. 你　吗　一点儿　请　好　快

_____

7. 不是　昨天　告诉　吗　我　了　你

_____

8. 还　没　上　现在　呢　课

_____

（六）改错句　Correct the following sentences

1. 我刚才回宿舍看书。
2. 他有一个女朋友，还要再找另外。
3. 他去年九月来了中国学习汉语。
4. 你回国后天不是吗？
5. 我在大学的时候常常听他说这件事了。
6. 这件衣服一点儿大，你能不能给我一件有点儿小的？

（七）阅读理解　Reading comprehension

昨天我从驾驶（jiàshǐ drive）学校毕业了，我高兴极了，因为现在我可以天天开车去我想去的地方。我很喜欢车，以前逛街的时候看见别人开车，我都会非常羡慕（xiànmù admire）。拿到驾驶执照（zhízhào drive license）后，我高兴地回家了。刚进房间就接到妈妈的电话了，她说她明天要来看我，让我去火车站接她。她告诉我她坐早上八点的火车，中午十二点就到了。明天我没课，可以开车去接她。第二天十一点半我就出门了，到火车站时才十一点五十。我站在出口处（chūkǒuchù entrance）等妈妈，但是很长时间她还没出来。我看看表，十二点半，怎么回事，火车晚到了也没有人告诉我。我正觉得奇怪呢，突然看见墙上的钟才十一点半，是我的表走得太快了。

读后判断正误　Judge the following true or false according to the passage

1. 我很高兴，从驾驶学校毕业了。　　　（　　）
2. 妈妈说她来看我，但她没来。　　　　（　　）
3. 我要开车去飞机场接她。　　　　　　（　　）
4. 我十一点半就出门了。　　　　　　　（　　）
5. 我的表走得有点儿慢。　　　　　　　（　　）

(八) 请用下列偏旁写出至少三个汉字

Write at least three characters with each of the following radicals

忄：_____ _____ _____

钅：_____ _____ _____

(九) 描写汉字　**Trace the characters**

题	丶	冂	日	日	旦	早	旱	是
	是	是	题	题	题	题		
另	丶	口	口	另	另			
刚	丨	冂	冈	冈	刚	刚		
释	丿	二	干	平	采	彩	释	释
	释	释	释					
铁	丿	𠂉	𠂉	钅	钅	钅	钅	铁
	铁							
惊	丶	丷	忄	忄	忄	惊	惊	惊
	惊	惊						
仔	丿	亻	亻	仔	仔			
细	乚	幺	纟	纠	细	细	细	
哎	丨	口	口	叮	哎	哎	哎	

第二十二课　你去哪儿了？

呀	丶	口	口	听	听	呀	呀
定	丶	宀	宀	宁	宁	定	定
婚	く	女	女	女'	妒	妒	婚	婚
婚	婚						
结	乙	幺	纟	纟	纠	纠	结	结
邀	丶	丿	白	白	白	皇	身	身
	身攵	身攵	敫	敫	邀	邀	
答	丿	⺮	⺮	竺	竺	筌	筌	答
答	答	答					
应	丶	亠	广	广	应	应	
选	丿	⺧	牛	牛	先	选	选	选
择	一	扌	扌	护	扴	择	择	
丈	一	ナ	丈					
夫	一	二	夫	夫				
幸	一	十	土	圭	幸	幸	幸	
福	丶	亠	礻	礻	礻	礻	祀	祀
福	福	福	福				

闹	丶	丨	门	门	闩	闹	闹	闹
束	一	一	巿	戸	束	束	束	
愉	丶	丶	忄	忄	忄	愉	愉	愉
愉	愉	愉						

文化小贴士　Proverbs

失败是成功之母。

Shībài shì chénggōng zhī mǔ.

Failure is the mother of success.

本课听说生词

New words in listening exercises

题	迟到	晚饭	哭	成绩	接	帽子
病	看病	急	祝福	新郎	新娘	可惜
放假	拍	别	遍	前	这些	

第二十三课　丁荣只穿了一件衬衫

Lesson 23　Ding Rong wears a shirt only

语法项目 Grammar：

1. 动态助词"了"：

   丁荣只穿了一件衬衫。

2. 越来越……：

   天气越来越冷。

3. 动词重叠（2）：

   她量了量体温。

4. 结果补语（1）：错、完、见

   安德记错了。

重点词语 Key Words：

1. 却：

   丁荣却说没关系。

2. 又：

   她又去了医院。

功能项目 Activities：

生病、就医

一、课文 Text

(一) 你感冒了

天气越来越冷,同学们都穿了厚毛衣,可是丁荣只穿了一件衬衫和一条牛仔裤。波伟看见她,说:"你不冷吗?穿件厚一点儿的衣服吧!"丁荣却说:"没关系。在我们国家,十二月我才穿毛衣呢。"可是第二天早上起床以后,丁荣觉得头疼、鼻子不通,嗓子疼,还有点儿咳嗽。她量了量体温,三十八度,发烧了。上完课以后,她去了学校的医院。医生给她检查了一下儿,说:"你感冒了,我给你开点药。红色的一天三次,一次两片。白色的一天两次,一次一片。这两天多休息,多喝热水。"三天以后,药都吃完了,可是丁荣还有点儿发烧。她又去了医院,医生说,她的病比较严重,需要打针。丁荣这个时候才后悔没听波伟的话。

(二)安德记错了

听说丁荣生病了,大家都很担心她。上午上完课,安德去超市买了丁荣最爱吃的苹果,去宿舍看她。丁荣的房间在南山宾馆304房间,可安德记错了,他去了四楼,敲了敲403的门,门开了,却是波伟。听了安德的话,波伟要一起去看丁荣。他们到304的时候,丁荣正在看书呢。看见他们两个人,丁荣高兴极了。她说,前几天太冷,她穿的衣服太少,所以感冒了。她去了医院,吃了一点儿药,还打了一针,现在感觉好一些。因为两三天没上课,所以她正在自己学习。离开的时候,安德和波伟说,明天下了课再一起来看她。

二、生词 New Words

1.	越来越……		yuèláiyuè…	more and more	乙
2.	厚	adj.	hòu	thick; deep, profound	乙
3.	毛衣	n.	máoyī	(woolen) sweater	乙
4.	只	adv.	zhǐ	only, just	甲
5.	衬衫	n.	chènshān	shirt, blouse	乙
6.	条	m.(n.)	tiáo	*a measure word*	甲
7.	牛仔裤	n.	niúzǎikù	jeans	
8.	却	adv.	què	however, but	乙
9.	鼻子	n.	bízi	nose, beezer	乙
10.	通	v., adj.	tōng	open, through, not blocked	甲
11.	嗓子	n.	sǎngzi	throat, voice	乙
12.	咳嗽	v.	késou	cough, tussis	甲
13.	量	v.	liáng	measure, estimate	乙
14.	体温	n.	tǐwēn	body temperature	丙
15.	度	n.	dù	linear measure; degree	乙
16.	发烧	v. o.	fā shāo	have a fever or temperature	甲
17.	完	v.	wán	be finished, be over; complete	甲
18.	检查	v., n.	jiǎnchá	check, inspect; examination	甲
19.	严重	adj.	yánzhòng	serious	乙

36

第二十三课 丁荣只穿了一件衬衫

20. 需要	v., n.	xūyào	need, require, demand	甲
21. 打针	v. o.	dǎ zhēn	give or have an injection	乙
22. 后悔	v.	hòuhuǐ	regret, repent	乙
23. 记	v.	jì	remember, bear in mind	甲
24. 错	adj., n.	cuò	wrong, mistaken; fault, error	甲
25. 生病	v. o.	shēng bìng	fall ill, be ill, sick	丙
26. 担心	v. o.	dān xīn	worry, be anxious about	乙
27. 最	adv.	zuì	most, least, best	甲
28. 爱	v.	ài	love; like, be fond of	甲
29. 敲	v.	qiāo	knock, beat	乙
30. 感觉	v., n.	gǎnjué	feel, be aware of; sense	乙
31. 一些	num.	yìxiē	a number of, certain, some	甲
32. 离开	v. (c.)	líkāi	leave, depart from	甲

本课新字 New Characters

三、注释 Notes

丁荣最爱吃的苹果 Apples which Ding Rong likes best

"丁荣最爱吃"这个主谓结构做定语，主谓结构和中心语中间要加"的"。如：

The expression 丁荣最爱吃 is a subject-predicate phrase used as an attributive. The word 的 ought to be added in between the subject-predicate phrase and the headword. For example:

（1）你说的这个电影我也看了。

（2）他唱的那首歌很好听。

（3）这是哥哥送给我的礼物。

四、汉字知识 About Chinese Characters

偏旁——衤、疒 Radicals 衤 and 疒

1. 衤——衣补旁（yībǔpáng）

用在字的左边，"衤"旁的字意思一般与衣服有关。如：

It is used as the left component of a character. A character with the radical 衤 has the meaning of clothing. For example:

衬　　衫

2. 疒——病字旁（bìngzìpáng）

用在字的外部，"疒"旁的字意思一般与疾病有关。如：

It is used as the outside component of a character. A character with the radical 疒 has the meaning of sickness. For example:

疼　　病

五、语法 Grammar

（一）动态助词"了"　Dynamic auxiliary word 了

动态助词"了"用在动词之后，表示动作行为的完成。动态助词"了"跟时间没有必然联系。如：

The dynamic auxiliary word 了 is used after a verb, implying the completion of an action. The dynamic auxiliary word 了 has nothing to do with the time. For example:

（1）医生给他检查了一下儿。

（2）这个会开了五天。

（3）他上个星期去了上海。

动态助词"了"在使用时，需要一些条件。

The dynamic auxiliary word 了 should be used under some circumstances, such as:

1. 带宾语时，宾语前一般有数量词或者其他定语。如：

When followed by an object, quantifiers or some other attributives are usually used before the object. For example:

（1）他喝了一杯酒。

（2）我听了你说的那首歌。

2. 如果宾语前没有数量词或其他定语时，在句尾加语气助词"了"或其他语气词才可以成句。如：

Without a quantifier or other attributive before the object, it cannot be a sentence unless the mood auxiliary word 了 or other mood auxiliary word is added at the sentence end. For example:

（1）公司出（了）问题了。

（2）他买（了）房子啦！

3. 如果宾语前没有数量短语或其他定语，句尾也没有语气助词"了"，此时必须在第一个动词之后再加上一个动词或分句，表示第二个动作紧接着第一个动作发生。如：

If there is neither a quantifier or other attributive before the object, nor the mood auxilary word 了 at the end, then a verb or a clause must be added after the first verb, meaning that the second movement occurs right after the first one. For example:

（1）我吃了药，觉得好多了。　　（过去时 past tense）

（2）明天下了课我们再来。　　　（将来时 future tense）

其否定式是在动词前加"没/没有"，动词后不再用"了"。如：

The negative form is to add 没 or 没有 before the verb, and then no 了 is added at the sentence end. For example:

昨天晚上我没看电影。

注意 Notes:

1. 恒常性动作行为后不用"了"。如：

No 了 is added to the verbs implying frequent actions. For example:

（1）以前我喜欢看电影。　　　＊以前我喜欢看了电影。

（2）小时候我常常和男孩子一起玩。＊小时候我常常和男孩子一起玩了。

2. 连动句中，第一动词后一般不用"了"。如：

In a sentence with serial verbs, no 了 follows the first verb normally. For example:

他去书店买了几本书。　　　＊他去了书店买几本书。

（二）越来越……　　**More and more**

"越来越……"表示程度随着时间的发展而加深，后面常常跟形容词或心理动词。如：

The expression 越来越…… indicates that the degree increases as the time goes. It is usually followed by adjectives or psychological verbs. For example:

（1）天气越来越热。

（2）学生们的汉语越来越好。

注意："越来越"和后面的形容词或心理动词之间不可以再加入其他程度

副词。如：

Notes: No other degree adverbs are allowed to insert in-between the phrase 越来越……and the adjectives or psychological verbs following it. For example:

＊他的个子越来越很高。

（三）动词重叠（2） Reduplication of verbs (2)

若动作行为发生在过去，动词需要重叠时，其形式为：V 了 V。如：

If an action happened in the past, and the verb needs to be reduplicated, meanwhile the reduplication structure V 了 V may be used. For example:

（1）我往窗外看了看，一个人也没有。

（2）他试了试那条裤子，太大了。

注意：双音节动词一般没有该形式。

Notes: A disyllabic verb may not have such kind of structure.

（四）结果补语（1）："错、完、见" Result complement (1)：错，完，见

汉语中，一些动词或形容词可以直接放在动词述语后说明动作或状态的结果、动作者或动作受事状态的变化，表示对动作的评价或判断等，这样的成分叫做结果补语。"见、完、错、懂、干净"等可以充当结果补语。如：

In Chinese, some verbs or adjectives can be used directly after a verb to indicate the result of an action or a state, the change of the agent or the patient. It indicates the evaluation or judgement to the action. These components are called result complement. The verbs such as 见(see)、完 (end)、错 (wrong)、懂 (understand)、干净 (clean) can be the result complements. For example:

（1）A：你看，小王在那儿。　B：我看见他了！

（2）我在听，可是我没听见。

（3）下午我做作业。两个小时以后，我做完作业了。

（4）我拿了一本书。可是我拿错了，拿了我同屋的书。

（5）我很认真地听老师讲课。老师的话我都听懂了。

（6）我今天在家里洗衣服。衣服都洗干净了。

它的否定式形式为"没/没有+V+结果补语"。如：

Its negative form is 没/没有 + V + result complement. For example:

（1）今天的作业我还没做完。

（2）我听老师讲课了，可是没听懂。

（3）他说了什么？我没听见。

注意：结果补语与谓语动词或形容词之间不能插入其他成分。补语后可以用"了"，在结果补语之后（以及"了"之后）还可以有宾语。如：

Notes: Nothing is allowed to add in between the predicate verbs, the adjectives and the result complements. For example:

＊他写一个字错了。

他写错了一个字。

六、重点词语 Key Words

（一）却 however, but

[副词]"却"表示语义的转折。用在主语后。如：

[adv.] The word 却 indicates a semantic turn, which is used after the subject. For example:

（1）别人都觉得没意思，他却玩得很高兴。

（2）天气这么好，你却在房间里睡觉？

（3）这种苹果不大，却很好吃。

注意："却"和"但（是）"都是表示转折的词语，不同的是，"但（是）"是连词，要用在主语前；而"却"是副词，用在主语后。如：

Notes: Both the words 却 and 但（是）indicate a turn. The difference is that 但（是）is a conjunction which is used before the subject, while 却 is an adverb, which is after the subject. For example:

（1）我说了很多次，但是他不理解。

（2）我说了很多次，他却不理解。

这种区别在"但（是）"和"却"一起出现时可以看得更清楚。如：

This kind of difference is quite clear when the words 但（是）and 却 used in one sentence. For example:

（3）他爸爸妈妈的个子都不高，但他却有一米八五。

（二）又 once more, again

［副词］"又"表示同一动作的重复或继续。如：

[adv.] The adverb 又 indicates the repetition or continuation of the same action. For example:

（1）他上午来了一次，现在又来了。

（2）这件衣服没洗干净，我又洗了一下。

（3）外面又下雨了。

注意："再"和"又"都是可以表示同一动作行为的重复发生或反复进行的副词。不同的是，"又"多用于已经发生的情况，"再"多用于还没发生的情况。如：

Notes: Both 再 and 又 can express the repetition of the same action. However, 又 is mainly used to express something that has already happened, while 再 is mainly used to express something that has not happened yet. For example:

（1）我没听见，老师又说了一遍。（老师已经说了）

（2）我没听见，老师，请您再说一遍。（老师还没说）

（3）他去年去了一次北京，今年又去了一次。（共去了两次）

（4）他去年去了一次北京，今年还想再去一次。（去了一次）

七、练习 Exercises

（一）朗读短语 Read the following phrases

| 越来越高兴 | 越来越喜欢 | 越来越高 | 越来越大 |
| 又生病了 | 又不在房间 | 妈妈买的衣服 | 他给我写的信 |

看了看	想了想	记错电话号码	听错时间
上完课	看完电视	检查身体	检查作业
爱唱歌	爱跳舞	最大的苹果	最干净的房间
鼻子不通	电话不通	离开家	离开朋友

(二) 替换练习　**Substitutions**

1. 天气越来越冷了。

她	漂亮
学生	多
妈妈的身体	好
丁荣	喜欢汉语

2. 安德买了一些水果。

说	一句话
唱	三首(shǒu)歌
看	很多书
做	一些练习

3. 他记错了房间号。

看完	那本书
看错	电话号码
听见	我们说的话
说错	我的名字

4. 他敲了敲门。

看	看表
试	试那件衣服
听	听音乐
想	想这个问题

(三) 根据课文回答问题 Answer the questions according to the text

1. 现在大概是一年里的什么时候？
2. 丁荣为什么穿得那么少？
3. 丁荣哪儿不舒服？
4. 大夫给丁荣开了几种药？
5. 安德什么时候去看丁荣的？
6. 丁荣住在哪儿？安德找到了吗？
7. 安德和波伟去的时候，丁荣正在做什么？

(四) 选词填空 Fill in the blanks

越来越　离开　开　通　检查　最　只　担心

1. 他以前在我们公司上班，可现在已经_____这儿了。
2. 上次的两瓶药已经吃完了，下午我再去医院_____两瓶。
3. 来这儿游泳的人_____多。
4. 你不要_____，这些工作今天一定能做完。
5. 你_____一下你的包，看东西都在吗。
6. 他不太舒服，中午_____吃了一个面包。
7. 他的电话一直不_____，我只能到他家里去找他。
8. 我们班里，他的个子_____高。

再　又

1. 对不起，刚才我没听见，请您_____说一次。
2. 我感冒上个星期才好，今天_____感冒了。
3. 小王今天_____迟到了。
4. 我们已经下班了，你明天_____来吧。

| 却　　但 |

1. 星期一星期二都可以，_____星期三不行。
2. 别人都在忙，他_____在睡觉。
3. 他告诉我了，_____我忘了。
4. 这种大的很便宜，小的_____很贵。

（五）根据意思选择适当的结果补语填空
Fill in the blanks with proper complements

| 错　完　见　懂　干净 |

1. 我没听_____老师的话，我刚才在听音乐。
2. 你先走吧，我想看_____这本书。
3. 你看_____了，这个不是180块，是1800块。
4. 衣服已经洗_____了。
5. 这句话我没听_____，你再解释一下儿，好吗？

（六）请在适当的位置填上"了" **Insert 了 at the proper places**

1. 昨天我看_____一个_____很有意思的电影_____。
2. 你等_____我一下，我下_____课就去找_____你_____。
3. 哥哥用_____一个晚上的时间_____，做完_____一个星期的作业_____。
4. 刚来_____中国的时候我和朋友一起去云南_____旅行_____一次。
5. 听_____他的话_____，小明非常高兴_____。
6. 你去_____哪儿_____？从今天早上开始_____，我们都没看见_____你_____。
7. 去年冬天，爸爸生_____一场大病_____。因为嗓子非常疼_____，他不能_____吃_____东西_____，只能喝_____水_____。大夫给爸爸开_____很多药_____。

（七）连词成句　Make up sentences with the words given

例句：认识　人　回国　都　我　了　的
　　　我认识的人都回国了。

1. 他　图书馆　借　书　一　了　在　本

2. 丁荣　好吃　菜　做　很　的

3. 换　一百块钱　银行　在　我　了

4. 昨天　这　的　买　我　是　水果

5. 大夫　药　吃　完　我　的　开　了

6. 展览　昨天　又　了　那个　看　我　去

（八）改错句　Correct the following sentences

1. 他想想了才回答我。
2. 我们唱歌完了就去了吃饭。
3. 别人都知道了，却你不知道。
4. 那本书我还没看完了。
5. 我不记错，就是这家饭店。
6. 一个面包太少了，又买一个吧。
7. 他没看懂那句话，就再看了一遍。
8. 上大学的时候我常常在图书馆看书了。
9. 他说了的主意不太好。
10. 看见这么漂亮的房间，安德很高兴极了。

(九) 阅读理解 Reading comprehension

我的爸爸

我爸爸今年45岁，在一家外国公司当经理。他工作非常认真，可是在生活中他却常常忘（wàng forget）事。

有一天下午我有游泳课，妈妈让爸爸五点开车去接我。可是天已经黑了，爸爸还没有来。他下了班就回家了。到了家以后，他还问妈妈我回来了没有。妈妈吃惊地问他："你不是说要去接她吗？""啊？我忘了！"

还有一次，爸爸的一个朋友给他写了一封信，请他参加一个晚会。爸爸看了看信，记住了时间和地方。晚会那天，他公司里有一件重要的事，事情做完了以后他马上就开车去了信上写的"中山饭店"。当他到中山饭店的时候，却发现（fāxiàn find）那儿的人他都不认识。他又看了看那封信，不是"中山饭店"，是"中仙（xiān fairy）饭店"！他看错了。当他到中仙饭店的时候，晚会已经开完了。

读后回答问题   Answer the questions according to the passage

1. 爸爸是做什么工作的？
2. 爸爸在工作中怎么样？在生活中呢？
3. 爸爸应该（yīnggāi should）什么时候去接我？
4. 爸爸有没有去接我？为什么？
5. 爸爸的朋友请爸爸做什么？
6. 爸爸怎么去中山饭店的？
7. 为什么中山饭店里的人爸爸都不认识？
8. 爸爸参加晚会了吗？

(十) 作文 Composition

从下列词语中选用7-8个，模仿"我的爸爸"，介绍你身边的人的一

两个小故事。(150字左右)

Imitate "My Father", choose 7 or 8 words from the following to write one or two stories about somebody you are familiar with. (About 150 characters)

岁　认真　生活　常常　却　越来越　只　爱　了　又
错　参加　记　最　需要　离开　完　担心　一些

(十一) 请用下列偏旁写出至少三个汉字
Write out at least three characters including the following radicals

衤：＿＿＿＿＿＿＿＿＿＿　＿＿＿＿＿＿＿＿＿＿

疒：＿＿＿＿＿＿＿＿＿＿　＿＿＿＿＿＿＿＿＿＿

(十二) 描写汉字　Trace the characters

越	一	十	土	扌	走	走	走	走
	越	越	越					
厚	一	厂	厂	厃	厚	厚	厚	厚
衬	丶	亠	衤	衤	衤	衬	衬	衬
衫	丶	亠	衤	衤	衤	衫	衫	衫
裤	丶	亠	衤	衤	衤	衤	衤	衤
	裤	裤	裤					
鼻	丶	丿	自	自	自	鼻	鼻	鼻
	鼻	鼻	鼻	鼻	鼻			

嗓	丨	口	口	口'	吖	哚	哚	哚
	嗓	嗓	嗓	嗓				
咳	丨	口	口	口丶	吖	咗	咳	咳
嗽	丨	口	口	吖	吒	听	㖿	㖿
	㖿	嗽	嗽	嗽	嗽			
烧	丶	丷	火	火	灶	炓	烧	烧
	烧							
完	丶	宀	宀	宀	完			
检	一	十	十	木	木	朴	柃	检
	检	检						
严	一	丅	亚	业	亚	严		
需	一	广	产	雨	雨	雨	雨	雨
	需	需	需	需				
针	丿	𠂉	卢	钅	钅	针		
悔	丶	丷	忄	忄	忙	悔	悔	悔
	悔							
担	一	十	扌	扌	扣	扣	担	担

敲	丶	二	广	亠	市	声	肓	高	高
	高	高	高	敲	敲				
却	一	十	土	去	去	却	却		

文化小贴士　Proverbs

良药苦口利于病，忠言逆耳利于行。

Liángyào kǔ kǒu lì yú bìng, zhōngyán nì ěr lì yú xíng.

A good medicine is bitter to taste but is good to one's disease, Sincere advices are hard to take but are instructive to one's performance.

本课听说生词

New words in listening exercises

冰淇淋	肚子	裙子	夏天	秋天	够	女儿
妻子	开会	拿	中药	西药	苦	下班
钱包	还	同事	老人	真	摇	收音机
丢	挂号	科	内科	嘴	药房	

51

第二十四课　王明想了一晚上

Lesson 24　Wang Ming has thought for one night

语法项目 Grammar：

1. 时量补语：

   王明已经在宿舍住了两年。

2. 概数的表达（2）：几

   五十几分钟

3. 如果……那么/就……：

   如果他住在那儿，每天就要很早起床。

4. 离合动词：

   他洗了一个热水澡。

5. 结果补语（2）：好、着

   约好了一起去博物馆参观。

   两点才睡着。

重点词语 Key Words：

1. 刚：

   他刚睡醒。

2. 向：

   波伟向王明道了歉。

功能项目 Activities：

选择、道歉

一、课文 Text

(一) 王明想了一晚上

王明已经在宿舍住了两年,最近他打算在学校附近租一套房子。这个周末他去看了两套。一套在学校的东边,从那儿到学校很近,走几分钟就可以到教室。但是环境不太好,旁边有个菜场,有点儿吵。周围只有3路和78路两路公共汽车,交通不太方便。另一套在郊区,房子又大又干净,也挺便宜的,旁边有很多公共汽车,就是离学校比较远,要坐五十几分钟的公共汽车才能到学校。如果他住在那儿,每天就要很早起床。王明想了一晚上,还是没决定租哪一套房子。

(二) 他只睡了三个小时的觉

王明和波伟约好了星期五一起去博物馆参观,早上八点在学校大门口见面。星期五早上,王明很早就到了大门口,可是等了半个多小时波伟还没到。王明很着急,就给波伟打了一个电话。

二十分钟以后,波伟来了。

他很不好意思地对王明说,因为最近失眠,他前天晚上只睡了三个小时的觉。昨天晚上他先去运动了一会儿,又洗了一个热水澡,睡前还喝了杯牛奶,后来很晚才睡着。王明给他打电话的时候,他刚睡醒。波伟向王明道了歉,王明刚才还有点儿生他的气,听了他的解释以后,就原谅他了。

二、生词 New Words

1. 已经	adv.	yǐjing	already	甲
2. 租	v.	zū	rent	丙
3. 套	m.(n.)	tào	a measure word for houses or clothes	乙

4. 房子	n.		fángzi	house, building	乙
5. 菜场	n.		càichǎng	food market	
6. 吵	adj.		chǎo	noisy	乙
7. 交通	n.		jiāotōng	communication, traffic	乙
8. 另	pr., adv.		lìng	other, another; separately	乙
9. 郊区	n.		jiāoqū	suburban district, suburbs	乙
10. 挺	adv.		tǐng	very, rather	甲
11. 就是	conj.		jiùshì	only, merely, just	乙
12. 如果	conj.		rúguǒ	if, in case	乙
13. 决定	v., n.		juédìng	decide; decision	甲
14. 约	v.		yuē	make an appointment, invite	乙
15. 博物馆	n.		bówùguǎn	museum	丙
16. 参观	v.		cānguān	visit, look around	甲
17. 见面	v. o.		jiàn miàn	meet, see	甲
18. 着急	adj.		zháojí	get worried, feel anxious	甲
19. 不好意思			bù hǎoyìsi	feel embarrassed	乙
20. 失眠	v. o.		shī mián	loss of sleep, insomnia	丙
21. 一会儿	n.		yíhuìr	a little while, a while	甲
22. 洗澡	v. o.		xǐ zǎo	take a shower, bathe	甲
23. 着	v.		zháo	used as the complement to an action verb to indicate the result	甲
24. 刚	adv.		gāng	just now	甲
25. 向	prep.		xiàng	towards	甲
26. 道歉	v. o.		dào qiàn	apologize, make an apology	乙

| 27. 生气 | v.o. | shēng qì | get angry, take offense | 乙 |
| 28. 原谅 | v. | yuánliàng | forgive, pardon, excuse | 甲 |

本课新字 New Characters

三、注释 Notes

就是有点远　Only a little bit far

"就是"表示轻微的转折，类似的词还有"只是、只不过"等。使用"就是"时，句子的语义重心在前一分句，而有"但是、可是"的句子中，句子的语义重心在后面。如：

The phrase 就是 indicates a slight turn. The phrase 只是 and 只不过 are the words with the similar function. When 就是 is used, the semantic meaning of the sentence focuses on the former clause, while in a sentence with 但是 or 可是, the meaning focuses on the later. For example:

（1）这件衣服挺漂亮的，就是太贵了。

（2）今天天气还不错，就是风比较大。

四、汉字知识 About Chinese Characters

偏旁——目、阝 Radicals 目 and 阝

1. 目——目字旁（mùzìpáng）

用在字的左边，"目"旁组成的字意思大多与眼睛或者眼睛的动作有关。如：

It is used as the left component of a character. The meaning of characters with radical 目 usually relates to eyes or the action of eyes. For example:

眼　　睡

2. 阝——右耳刀（yòu'ěrdāo）

用在字的右边，"阝"旁组成的字意思大多与城镇、地名有关。如：

It is used as the right component of a character. The meaning of characters with radical 阝 usually relates to towns or place names. For example:

郊　　邮

五、语法 Grammar

（一）时量补语 Time-measure complement

1. 用在动词后，表示动作或状态持续时间长短的补语叫做时量补语。时间分为时点和时段。时点词表示一个具体的时间，如三点、现在、昨天、下星期等等。时段词指一段时间，如一会儿、三分钟、一天、十年等等。时量补语只能由时段词充当。

Time-measure complement refers to those following a verb but implying the duration time of an action or a state. Time consists of time point and time period. Time point means a certain time, such as three o'clock, now, yesterday, next week and so on. Time period means a period of time, such as a moment, three minutes, one day, ten years and so on. Time-measure complement is only acted by time period.

主语 + 动词 + 时量补语 Subject + Verb + Time-measure complement
(1) 大家　　　休息　　　20分钟。
(2) 他　　　　想了　　　一会儿。
(3) 他每天　　运动　　　一个小时。

2. 若动词后既带宾语又带补语，则一般要重复动词。

If a verb is followed by both an object and a complement, then it is usually geminated.

动词 + 宾语 + 动词 + 时量补语 Verb + Object + Verb + Time-measure complement
(1) 他 打　　篮球　　打了　一下午。
(2) 我 上　　网　　　上了　一晚上。
(3) 我 学　　汉语　　学了　两年了。

3. 宾语也可以放在动词和时量补语之后，时量补语后可以加"的"。

An object can also be placed after the verb and the time-measure complement, which can be followed by 的.

动词 + 时量补语　　　　+（的）宾语 Verb + Time-measure complement +（的）Object
(1) 他要　　坐　　20分钟　　　　（的）公共汽车。
(2) 我每天　复习　两个小时　　　　（的）课文。

4. 对时量补语提问要用"多长时间……"。如：

Expression 多长时间…… can be used to ask a question about time-measure complement. For example:

　　(1) 你学习汉语多长时间了？
　　(2) 你坐了多长时间的火车？

（二）概数的表达（2）：几　Expression of approximate amount (2): 几

"几"表示不确定的数目，一般是在十以内的数。如：

The word 几 means an uncertain number, usually no more than ten. For example:

（1）我们班有十几个人。

（2）我只带了几十块钱。

（3）我下午去图书馆借了几本书。

（三）如果……那么／就……　If... then...

"如果……那么／就……"连接一个假设复句。前一分句提出一种假设，后一分句说出在这种假设下会出现的结果。如：

The structure 如果……那么／就…… can connect a hypothesis compound sentence. The former clause suggests a hypothesis and the later one suggests the result that may take place under such a hypothesis. For example:

（1）如果有问题，你就再给我打电话。

（2）如果你没听懂，我就再说一遍。

（3）如果坐飞机去，那么我就考虑一下儿。

（4）如果明天不下雨，我们就去公园。

（四）离合动词　Separable verbs

离合动词是指一些动宾结构的双音节动词，如：睡觉、毕业、游泳、见面、生气、聊天等。它们既有词的特点，又有某些分离形式。

Separable verbs refer to some verb-object disyllable verbs, such as 睡觉 (sleep), 毕业 (graduate), 游泳 (swim), 见面 (meet), 生气 (get angry), 聊天 (chat) and so on. They are of the nature of verbs but they can be used separately.

1. 它们在使用时多数不能带宾语。如：

Normally, they cannot be followed by objects. For example:

我去年大学毕业了。　　　＊我去年毕业大学了。

带关涉对象时，一般要用介词引入，充当动词的状语。如：

If a concerned object follows the verb, usually a preposition is used to be the adverbial of the verb. For example:

（1）他要跟你见面。

（2）安德三年前从一所有名的大学毕业。

2. 离合动词中间可以插入其他成分。如：

Other components can be inserted into the sepaerable verbs. For example:

（1）我游了半天泳了。

（2）我不听他的话，他生我的气了。

3. 离合动词的重叠形式为AAB式，如：

Gemination form of separable verbs is AAB. For example:

聊聊天　游游泳　见见面

（五）结果补语（2）："好、着"　Result complement (2)：好，着

1. "好"用在动词之后充当结果补语，表示动作成功或达到了令人满意的程度。如：

The word 好 is used after a verb as a result complement, indicating that an action completes or meets the satisfactory requirements. For example:

（1）饭已经做好了。

（2）我想了很长时间，可还是没想好。

（3）他们约好了一起去公园。

2. "着"用在动词或形容词之后充当结果补语，表示达到了目的，产生了结果或影响。如：

The word 着 after a verb or an adjective as a result complement means that the aim is achieved and the result or effect is produced. For example:

（1）她昨天晚上很早就睡着了。

（2）你找着你的笔了吗？

（3）买票的人太多，我没买着。

六、重点词语 Key Words

(一) 刚 just now

［副词］指动作发生在不久前。用在动词前做状语，前面还可以加时间名词。如：

[adv.] It refers that an action took place not long ago. It is used before a verb as an adverbial. Nouns of time can still be added before. For example:

(1) 你给我打电话的时候，我刚吃完饭。

(2) 他昨天刚从北京回来。

(3) 我十分钟前刚下课。

(二) 向 toward

［介词］用在动词前。

[prep.] It is used before a verb.

1. 表示动作的方向。如：

Indicate the direction of a movement. For example：

(1) 出了门，向东走。

(2) 一定要向前看，不要向后看。

(3) 到了那个红绿灯以后向左拐。

2. 引入动作的对象。如：

Introduce the object of a movement. For example:

(1) 我们都要向他学习。

(2) 你一定要向他道歉。

(3) 张经理向我们介绍了公司的情况。

七、练习 Exercises

（一）朗读短语　Read the following phrases

租房子	租车	一套房子	一套茶杯
学校周围	周围的房子	等一会儿	找半天
三十几分钟	半个多小时	挺漂亮的	挺不错的
另一个人	另一家饭店	向我解释	向他借了一本书
生他的气	睡一会儿觉	大学毕业	跟他见面
见了几面	做好了饭	买好了票	书找着了

（二）替换练习　Substitutions

1. 王明 想 了 一晚上 。

看	几分钟
听	一下午
说	半天
玩	一会儿

2. 他 睡 了 三个小时 的 觉 。

洗	一个半小时	澡
跳	一会儿	舞
生	一个星期	气
游	一下午	泳

3. 他 打 球 打 了 一下午 。

洗	衣服	两个小时
看	书	一个小时
唱	歌	一下午
做	作业	一晚上

第二十四课　王明想了一晚上

（三）根据课文内容回答问题　Answer the questions according to the text

1. 王明现在住在哪儿？他打算在哪儿租房子？
2. 学校东边的那套房子怎么样？另一套呢？
3. 王明对这两套房子满意吗？他可能想租什么样的房子？
4. 王明星期五打算做什么？
5. 王明等波伟等了多长时间？
6. 波伟为什么迟到了？
7. 波伟为什么睡得不好？他想了什么主意？

（四）选词填空　Fill in the blanks

> 租　好　环境　如果　向　刚　着　周围　就是　挺

1. 这个饭店的饭菜很好吃，可_____不太好。
2. 我出门的时候没带钱包，就_____李大姐借了200块钱。
3. _____我不在咖啡店，就一定在去咖啡店的路上。
4. 我到家的时候，妈妈已经做_____晚饭了。
5. 他在上海路_____了一套房子。
6. 小王这个人挺好的，_____有点爱生气。
7. 我在图书馆没找_____你说的那本书。
8. 我_____开始学英语，说得还不太好。
9. 这儿的环境_____好的，附近有个公园。
10. 他住的地方很远，_____也没有商店，买东西不太方便。

（五）用"几"改写下面的句子　Rewrite the following sentences with 几

例句：我在这儿住三天或者四天。
　　　我在这儿住几天。

1. 他们班有二十到三十个人。

   _____

2. 这种手机只要七八百块钱。

   _____

3. 他买了不到二十本书。

   _____

4. 这条路上有七八十家商店。

   _____

5. 我来南京才五六天。

   _____

（六）根据实际情况回答问题

Answer the following questions according to real situations

1. 你学了多长时间汉语了？
2. 你还要在中国学习多长时间？
3. 你住的地方离学校远吗？你到学校要坐多长时间的车？
4. 你每天睡几个小时的觉？
5. 你每个星期上多长时间的课？
6. 今天你上了多长时间课了？
7. 昨天你锻炼身体了吗？你锻炼了多长时间？
8. 你会游泳吗？你每次游多长时间？

（七）用括号里的词完成句子

Complete the following sentences with the phrases given

1. 我和朋友约好了_____。（见面）
2. _____，我就很困。（如果）
3. 这件衣服很漂亮，_____。（就是）
4. 她这几天都没来找我，_____。（生气）

5. 我不太舒服，＿＿＿＿＿＿＿＿＿＿＿＿＿。（一会儿）
6. 你要找丁荣啊？＿＿＿＿＿＿＿＿＿＿＿＿＿。（刚）

（八）改错句　Correct the following sentences

1. 如果你去，就我也去。
2. 我写了一下午，可还不写完。
3. 他刚才从上海回来。
4. 丁荣身体不舒服，两天发烧了。
5. 他练了篮球五年多。
6. 去年我打算了来中国学习汉语。
7. 今天下午我去见面我的中国朋友。
8. 妈妈生气我了。

（九）阅读理解　Reading comprehension

一封家书

亲爱的爸爸妈妈：

你们好！

我来中国已经两个多月了，这是我第一次给你们写信，你们的身体还好吗？工作还那么忙吗？现在我已经慢慢习惯中国的生活了，就是这儿的天气还不太习惯，太冷了。

我从星期一到星期五都有课。早上我一般七点钟起床，洗了澡就去上课，每天都要上三四个小时的课，比较累，所以下了课就去食堂。我很喜欢吃中国菜，很多中国菜比如青菜、豆腐(dòufu bean curd)都对身体很好。吃完饭以后我回宿舍休息一下。下午的课从一点半开始，如果中午休息得不好，上课的时候就很困。三点下课以后我就跟朋友一起去体育馆锻炼身体，每天都锻炼一两个小时。晚上比较忙，做作业做一两个小时，还要复习旧课文，预习新课文，大概十一点多才睡觉。虽然很忙，可是我很高兴，因为我的汉语越来越好了。

我现在有两个中国朋友，一个是王明，一个是张文。我们常常一起聊天、互相帮助，认识他们我很高兴。

你们给我打电话的时候，我非常高兴，我太爱你们了！圣诞节的时候你们打算做什么？我们学校要举行一场很大的晚会，我们班正在准备节目(jiémù short play)，我也参加。如果你们也在中国就好了！

祝你们身体健康！

儿子　波伟

2005年11月20日

读短文回答问题　　Answer the questions according to the passage

1. 波伟是大概什么时候来中国的？
2. 波伟还没习惯什么？
3. 波伟每天上几个小时的课？
4. 波伟晚上常常做什么？
5. 波伟的汉语怎么样？
6. 圣诞节的时候波伟打算做什么？

(十) 请用下列偏旁写出至少三个汉字

Write out at least three characters including the following radicals

日：＿＿＿＿＿＿　＿＿＿＿＿＿　＿＿＿＿＿＿

阝：＿＿＿＿＿＿　＿＿＿＿＿＿　＿＿＿＿＿＿

(十一) 描写汉字　**Trace the characters**

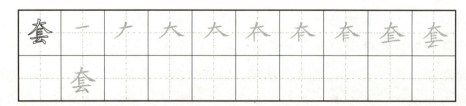

第二十四课　王明想了一晚上

吵	丨	口	口	叫	叫	吵	吵	
郊	丶	亠	六	六	亣	交	郊	郊
区	一	丆	叉	区				
挺	一	十	扌	扌	扫	抂	拝	挺	挺
如	く	乆	女	如	如			
决	丶	冫	氵	江	决	决		
约	乙	幺	纟	纟	约	约		
博	一	十	忄	忄	恒	恒	博	博
	博	博	博					
观	乛	又	刈	邓	观	观		
着	丶	丷	丷	兰	兰	羊	羊	着	着
	着	着						
失	丿	𠂉	𠂉	失	失			
眠	丨	冂	冂	月	目	盱	盯	眠	眠
	眠							
澡	丶	冫	氵	氵	沪	沪	沪	澡	澡
	澡	澡	澡	澡	澡	澡		

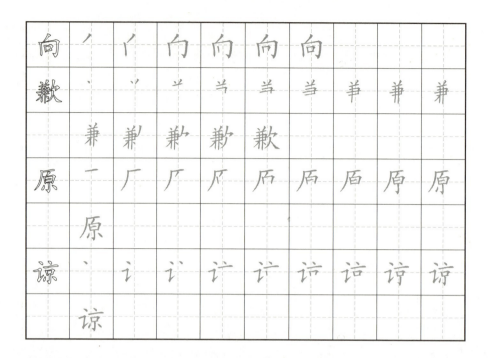

文化小贴士　Proverbs

一屋不扫，何以扫天下？

Yì wū bù sǎo, hé yǐ sǎo tiānxià?

How can one who does not want to sweep a house sweep the world?

本课听说生词

New words in listening exercises

起飞	躺	响	羽毛球	出发	外科	打扫
弹	钢琴	住院	玩笑	忘	架	当然
成功	阳光	杂志社	记者	恭喜	理想	律师
变	希望					

第二十五课 复习(五)
Lesson 25　Review 5

一、课文　Text

　　时间过得很快，从来中国到现在，我已经学了两个多月的汉语。刚来时，我觉得时间过得特别慢，现在想想，可能是因为很多方面都不习惯。比如，在我们国家每天九点才上课，但在中国八点就上课了，所

以我早上起床有点儿困难，有时候会迟到。中国菜很好吃，但是我不会用筷子，开始的时候有点儿着急。朋友们耐心地教我，我现在已经学会了，而且用得很熟练。

　　还有，刚学汉语的时候，我觉得汉语的语法、发音和文字都比较难，不知道应该怎么办。但是我们的老师

教得很好，我们班的同学互相帮助，我也很努力地学习，所以，我的汉语提高得很快。

这个学期已经过去了一半，前几天举行了期中考试，我们学习的每一门课都考了。今天上课的时候，老师告诉了我们考试的情况。我的考试都通过了，而且成绩也不错，汉语92分，口语90分，但听力只考了86分。我看了看我的听力试卷，有的地方没听清楚，有的地方听错了，还有几个写错的汉字，我以后要多做这方面的练习。我希望下次听力也能考90多分。

现在，我已经习惯了在中国生活，我的生活、学习越来越有规律。对了，我还交了一个中国朋友呢，他叫王明，是一名大学生。他经常帮助我，陪我去买电脑，陪我去参观博物馆，还常常给我讲中国的风俗习惯。我们互相帮助，他辅导我汉语，我辅导他英语，我们在一起很愉快。

第二十五课 复习（五）

二、生词 New Words

1.	方面	n.	fāngmiàn	aspect, field	甲
2.	比如	v.	bǐrú	for example, for instance	乙
3.	困难	n.	kùnnan	difficulty	甲
4.	耐心	adj., n.	nàixīn	patient; patience	乙
5.	熟练	adj.	shúliàn	skilled, skillful	乙
6.	文字	n.	wénzì	written form of a language	乙
7.	应该	aux.	yīnggāi	should, ought to, must	甲
8.	提高	v.(c.)	tígāo	improve; improvement	甲
9.	学期	n.	xuéqī	term, semester	乙
10.	过去	v.	guòqù	pass by; pass away	甲
11.	一半	num.	yíbàn	one half	乙
12.	门	m.(n.)	mén	*a measure word for lessons*	甲
13.	通过	v.	tōngguò	pass	甲
14.	分	n.	fēn	marks for a test	甲
15.	试卷	n.	shìjuàn	test or examination paper	乙
16.	清楚	adj.	qīngchu	clear	甲
17.	规律	n.	guīlǜ	law, regular pattern	乙
18.	名	m.(n.)	míng	*a measure word for persons, usu. respectful, written*	乙
19.	风俗	n.	fēngsú	customs	乙

71

本课新字 New Characters

耐 熟 该 提 卷 清 楚 规 律
俗

三、练习 Exercises

（一）根据课文内容判断正误
Judge the following true or false according to the text

1. 我刚来中国时，觉得时间过得很快。　　　　（　）
2. 我现在上课常常迟到。　　　　　　　　　　（　）
3. 我现在用筷子用得很熟练。　　　　　　　　（　）
4. 我觉得汉语的语法和发音很难，汉字不太难。（　）
5. 我们的期中考试已经考完了。　　　　　　　（　）
6. 我的口语课考得最好。　　　　　　　　　　（　）
7. 我听力考试时写错了几个汉字。　　　　　　（　）
8. 我有一个中国朋友。　　　　　　　　　　　（　）

（二）填写适当的量词 Fill in the blanks with proper measure words

一＿＿毛衣	一＿＿裙子	一＿＿大学	一＿＿牛奶
一＿＿学生	一＿＿礼物	一＿＿出租车	一＿＿信
一＿＿电影票	一＿＿药	一＿＿笔	一＿＿商场
一＿＿房子	302＿＿公共汽车	一＿＿电脑	一＿＿路

（三）填写适当的结果补语　Fill in the blanks with proper result complements

做_____饭　　　　说_____话　　　　睡_____觉

上_____课　　　　洗_____衣服　　　听_____时间

写_____汉字　　　找_____词典　　　看_____一个人

约_____一起去　　听_____敲门的声音

（四）选词填空　Fill in the blanks

> 方面　　耐心　　通过　　规律　　提高　　清楚

1. 当老师要有_____。
2. 这些汉字写得不太_____。
3. 这次考试，我们班只有一个学生没_____。
4. 他的汉语水平一直没有_____，所以很着急。
5. 我的同屋生活没有_____，有时候睡得很晚，有时候不吃早饭。
6. 来中国以后，我在学习_____没有问题，但吃中国菜不太习惯。

> 就　才　再　又　刚　刚才

1. 今天八点半考试，他八点二十五_____到教室。
2. 他吃了两天药，还是觉得不舒服，就_____去了一次医院。
3. 爸爸_____下班，现在在看报纸。
4. 你_____说什么了？我没听见。
5. 他只学了一个月汉语_____能听懂汉语的新闻？
6. 你_____吃点儿吧，这个东西对身体很好。

> 所以　但是　而且　比如　如果　然后

1. 先想一想，_____告诉我。

2. _____ 你有问题，就来找我。

3. 我妹妹会做蛋糕，_____ 做得很好吃。

4. 天气越来越冷，_____ 我打算买件厚毛衣。

5. 他学习很努力，_____ 这次考试考得不太好。

6. 租房子以前要想好很多事情，_____ 房子的价格、周围的环境、交通情况。

（五）把括号里的词填入适当的位置

Put the words in the parentheses at the proper position

1. 这个孩子做事 A 这么 B 慢 C？　　　　　　（怎么）
2. 他请 A 很多朋友 B 到 C 他家 D 跳舞。　　　（了）
3. 下课以后，A 他 B 在教室 C 学习 D。　　　（还）
4. 丁荣 A 穿了 B 一件 C 衬衫 D。　　　　　　（只）
5. 我朋友去 A 商店 B 买 C 一辆自行车 D。　　（了）
6. A 你 B 试试 C 这一种 D。　　　　　　　　（再）
7. 我 A 到的时候 B 婚礼 C 没 D 开始。　　　　（还）
8. 你 A 要去 B 帮 C 安德 D 买火车票吗？　　　（不是）

（六）综合填空　**Fill in each of the blanks with a proper word**

昨天晚上，我姐姐给我打_____个电话，说我妈妈病了，而_____病得很严重。我非常_____急，想马上回国去看_____妈妈。所以，今天上课的时候，我向老师请_____。老师问我什么时候回国，我说我_____没买机票，我下了课就去买。老师_____问我什么时候回来。我说大概十_____天，老师最后答应了。

（七）改错句　**Correct the following sentences**

1. 波伟每天都很认真得学习。
2. 他特别感兴趣中国的文化。

3. 你的作业做完没完?

4. 他刚学一个月汉语才会写很多汉字。

5. 昨天那个电影很好看了。

6. 我再看了两天,就看完那个小说。

7. 昨天晚上我只两个小时睡觉了。

8. 你想周末去哪儿了吗?

9. 因为你不努力学习,你的考试成绩就不好。

10. 我们班有十五几个学生。

(八) 阅读理解　Reading comprehension

　　星期天我和丁荣一起去市中心买书了。那天风 (fēng wind) 很大,我们骑自行车骑了半个小时才到。市中心的书店很多,我们逛 (guàng stroll) 了好几家书店,最后我买了一些英文书和中文杂志,丁荣买了几本中文小说。买完以后,已经十二点多了,我们在附近找了一个小饭店吃了午饭。我们要了一些饺子和两瓶啤酒,吃得很舒服。

　　吃完饭,我们又骑车回学校。这时我又累又困,想马上回宿舍睡一觉。我走到宿舍楼的电梯 (diàntī elevator) 门口,门口写着:电梯坏 (huài broken) 了,请走楼梯 (lóutī stairs)。没办法,我只好抱 (bào hold in the arm) 着一大包书爬楼梯。我住在八楼,我爬了半天才爬到八楼。走到我的房间门口,我想拿钥匙 (yàoshi key) 开门,可是找了半天也没找到我的钥匙。啊,我的钥匙还在楼下的自行车上呢,我忘了拿下来了。

读后判断正误　Judge the following true or false according to the passage

1. 星期天天气不太好。　　　　　　　　(　)

2. 我们骑自行车骑得很快。　　　　　　(　)

3. 我买了一些英文书和中文小说。　　　(　)

4. 我们在学校附近的小饭店吃的午饭。　(　)

5. 我回来时累得很。　　　　　　　　　(　)

6. 钥匙我忘在房间里了。　　　　　　　(　)

(九) 作文　Composition

你来中国两个多月了，也学了两个多月的汉语。请从以下词语中选用8-12个，写写你来中国以后的感受以及学习汉语的感受。(不少于200字)

You have been in China for over two months and accordingly have studied Chinese for more than two months. Please select 8 to 12 words from the following, and write the impressions you have on China and your experience in Chinese study. (Over 200 words)

| 方面 | 比如 | 困难 | 习惯 | 熟练 | 提高 | 着急 | 规律 |
| 愉快 | 风俗 | 交 | 考试 | 成绩 | 耐心 | 通过 | 学期 |

(十) 描写汉字　Trace the characters

耐	一	厂	厂	丙	西	而	而	耐	耐
熟	丶	二	亠	亡	吉	音	亨	享	孰
	孰	孰	孰	孰	熟	熟			
该	丶	讠	讠	讠	诊	该	该		
提	一	十	扌	扫	押	押	捍	捍	
	捍	捍	提						
卷	丶	丷	丶	半	关	卷	卷		
清	丶	冫	氵	汁	清	清	清	清	
	清	清							

第二十五课 复习(五)

楚	一	十	才	木	朩	村	材	林	埜
	苤	楛	梺	楚					
规	一	二	丰	夫	刞	知	规	规	
律	丿	彳	彳	彳	律	律	律	律	律
俗	丿	亻	亻	伫	伫	俗	俗	俗	

文化小贴士　Proverbs

胜败乃兵家之常事。

Shèng bài nǎi bīngjiā zhī chángshì.

It is common for a general to win or lose in a battle.

本课听说生词
New words in listening exercises

顾客　它　　别人　及格　饼干　逛　待　　旅游
方法　半天　分数　发现　马虎　答案　磁带
胖　　行　　减肥　办法　瘦　　平时　零食
紧张　梦　　关

第二十六课　火车票比飞机票便宜

Lesson 26　Train ticket is cheaper than plane ticket

语法项目 Grammar：

1. 比较句（1）："比"字句

　　火车票比飞机票便宜。

2. 程度补语（3）：形容词 + 得多 / 多了

　　飞机比火车快得多。

　　今天比昨天冷多了。

3. 虽然……但是……：

　　机票虽然比较贵，但是常常打折。

4. 结果补语（3）：开、到

　　拉开窗帘、回到宿舍。

重点词语 Key Words：

1. 差不多：

　　比飞机票便宜了差不多七百块钱呢。

2. 原来：

　　丁荣原来打算明天跟几个朋友去黄山。

3. 得：

　　她的计划就得取消。

功能项目 Activities：

比较

一、课文 Text

(一) 火车票比飞机票便宜

现在的人越来越喜欢旅行。那么,您出门时愿意坐火车还是坐飞机呢?大多数人还是习惯坐火车去旅行。因为火车票比飞机票便宜。比如南京到北京的火车票一般只要二百多块钱,比飞机票便宜了差不多七百块钱呢。另外,坐火车可以欣赏欣赏路上的风景,还可以在车上走走,比较有意思。

坐飞机也是个不错的选择,飞机比火车快得多。从南京到北京只要一个半小时,比火车快了十个小时。机票虽然比较贵,但是常常打折。如果你提前很长时间订票,他们可能会给你打三折或四折,非常便宜。另外,飞机上的服务也比火车上的好一些。但是飞机也有缺点,它经常晚点,没有火车准时。

(二)今天比昨天冷多了

早上起床以后,丁荣拉开窗帘,发现外面正在下雨。

打开窗户,丁荣感觉到今天比昨天冷多了。出门时,她穿了一件厚外套。上课的时候,丁荣发现只有十几个同学,比平时少了四五个人,听说他们都生病了。今天是星期五,丁荣原来打算明天跟几个朋友去黄山。可是如果一直下雨的话,她的计划就得取消。回到宿舍以后,她马上打开电视看天气预报。天气预报说,今天夜里还有雨,明天是晴天,但是要刮大风,最高温度只有10度。看样子,冬天真的来了。不过,丁荣还是很高兴,因为明天她就可以去黄山旅行了!

第二十六课 火车票比飞机票便宜

二、生词 New Words

1.	比	prep.	bǐ	compare to, contrast	甲
2.	那么	conj.	nàme	like that, in that way	甲
3.	出门	v.o.	chū mén	go out; leave home	丙
4.	大多数	n.	dàduōshù	great majority	乙
5.	差不多	adj., adv.	chàbuduō	less difference; almost	乙
6.	欣赏	v.	xīnshǎng	appreciate, enjoy, admire	丙
7.	虽然	conj.	suīrán	although, even though	甲
8.	打折	v.o.	dǎ zhé	discount	
9.	提前	v.	tíqián	in advance, head of schedule	乙
10.	订	v.	dìng	book, order	乙
11.	缺点	n.	quēdiǎn	shortcoming, defect, weakness	乙
12.	晚点	v.o.	wǎn diǎn	be late (train or plane)	
13.	准时	adj.	zhǔnshí	punctual, on time	乙
14.	拉	v.	lā	pull, draw, tug, drag	甲
15.	窗帘	n.	chuānglián	window curtains	丙
16.	窗户	n.	chuānghu	window, casement	甲
17.	外套	n.	wàitào	overcoat; outer garment	
18.	原来	n., adj.	yuánlái	former; originally	甲

81

19. 的话	aux.	dehuà	used at the end of a conditional clause	乙
20. 计划	n., v.	jìhuà	plan, program; make a plan	甲
21. 得	aux.	děi	have to, should	甲
22. 取消	v.	qǔxiāo	cancel, call off	乙
23. 预报	n.	yùbào	broadcast	丙
24. 夜里	n.	yèli	at night, nighttime	乙
25. 晴	adj.	qíng	sunny	甲
26. 刮	v.	guā	blow, scrape	甲
27. 风	n.	fēng	wind	甲
28. 温度	n.	wēndù	temperature.	乙
29. 看样子	v. o.	kàn yàngzi	it seems, it looks as if	乙
30. 不过	conj.	búguò	however, but	乙

▶ 专名 **Proper Nouns**

| 黄山 | Huáng Shān | name of a mountain in Anhui province |

本课新字 New Characters

三、汉字知识 About Chinese Characters

偏旁——宀、刂　Radicals 宀 and 刂

1. 宀——穴字头（xuézìtóu）

用在字的上边，"穴"组成的字意思大多与居室或孔洞有关。如：

It is placed on the top of a character. The meaning of characters with radical 穴 often relates to a house or a hole. For example:

窗　　空

2. 刂——立刀旁（lìdāopáng）

用在字的右边，"刂"旁组成的字意思大多与用刀完成的动作有关。如：

It is used as the right component of a character. The meaning of characters with radical 刂 often relates to the actions with a knife. For example:

刮　　刻

四、语法 Grammar

（一）比较句（1）："比"字句　Comparative sentences (1): Sentence with 比

现代汉语中，比较事物性质、程度、高低的差别，可以用比较句。比较句有很多种形式，本课我们学习带有"比"字的比较结构。

In modern Chinese, a comparative sentence can be used to compare the nature, degree and height of something. It has many forms. In this lesson, we are going to study the comparative structures with 比.

1. 基本结构　Basic structure:

A	比	B	+	形容词
A	Compare	B	+	Adjective
（1）他	比	我		高。
（2）这个房间	比	那个房间		大。
（3）苹果	比	香蕉		贵。

2. 有时为了说明两者之间的差别有多大，可以在形容词后加上"一点儿、一些、得多、多了"等成分。如：

In order to explain how different are two things, sometimes the components of 一点儿 (a little), 一些 (some)，得多 (much more)，多了 (more) can be added after an adjective. For example:

A	比	B	+ 形容词	+ 一点儿/一些/得多/多了
A	Compare	B	+ Adjective	+ Other components
（1）这张画儿	比	那张	大	一点儿。
（2）出租车	比	公共汽车	快	一些。
（3）弟弟	比	我	小	得多。
（4）北京	比	上海	远	多了。

3. 为了说明两者之间的差别有多大，可以在形容词后加上比较的结果，通常由数量短语来充任。如：

In order to explain how different two things are, sometimes the compared results can be added after the adjectives, which are often acted by quantifier phrases. For example:

A	比	B	+ 形容词	+ 数量短语
A	Compare	B	+ Adjective	+ Quantifier phrase
（1）哥哥	比	我	大	三岁。
（2）二班	比	三班	多	五个人。
（3）昨天	比	今天	高	三度。
（4）他	比	我	早到	20分钟。
（5）这件衣服比		那件	便宜	400块钱。

4. 比较句的否定式为"A 没有 B + 形容词"，意义为：B 比 A + 形容词。如：

Negative forms of comparative sentences：A 没有 B + adjectives, which means: A is not so + adjectives than B. For example:

(1) 我没有弟弟高。　　　　　　=　弟弟比我高。
(2) 昨天没有今天冷。　　　　　=　今天比昨天冷。
(3) 食堂的菜没有我做的好吃。= 我做的菜比食堂的菜好吃。

(二) 程度补语 (3): 形容词 + 得多 / 多了
Complement of degree (3): Adj. + 得多/多了

形容词后加"得多"、"多了"构成程度补语，表示程度很高。如：

When the phrases 得多 and 多了 are added to the end of an adjective, it becomes a degree complement indicating a very high degree. For example:

(1) 北方的夏天不太热，南方就热得多了。
(2) 小王做事情很快，小李比他慢得多。
(3) 上次他考得不太好，这次考得好多了。
(4) 几年没见，他的个子比以前高多了。

(三) 虽然……但是……　　**Although...**

"虽然……但是……"引导一个转折复句，前句叙述一个事实，后句说出了一个相反或部分相反的事实。如：

The structure 虽然……但是……introduces a compound sentence of turning. The former clause states a fact while the later one presents a reversed or partially reversed fact. For example:

(1) 我虽然很喜欢听这首歌，但是不会唱。
(2) 虽然他不太高兴，但最后还是答应了。
(3) 虽然他是哥哥，但是个子却比弟弟矮很多。
(4) 虽然这次没有看到长城，但我玩得还是很开心。

(四) 结果补语 (3): "开、到"　　**Result complement (3): 开，到**

1. "开"做结果补语，表示把关闭的东西打开。如：

The word 开 is used as a result complement, indicating to open something shut. For example:

（1）房间里太热了，打开窗户通通风吧。

（2）我打开电视。

2. "到"做结果补语，可以有不同的用法和意义：

Used as a result complement, the word 到 has various usages and meanings：

第一，"到"是"到达、达到"的意思，表示到达一个地方。如：

　It means to arrive in or reach, indicating to reach a certain place. For example：

（1）他走到门口，打开了门。

（2）我回到宿舍的时候，同屋正在打电话。

第二，"到"后接时点，表示动作持续到什么时间。如：

　When used as a result complement, the word 到 can be followed by a time point, indicating that an action continues to a certain time. For example：

（1）昨天晚上我看书看到十二点。

（2）雨一直下到了晚上。

第三，还可以表示动作有了结果。如：

In a result complement, the word 到 can also means that an action achieves a result. For example：

（1）你们说的话我都听到了。

（2）我想到一个办法。

（3）他买到了满意的礼物。

五、重点词语　Key Words

（一）差不多 less difference, almost

1. [形容词] 表示"相差很少、很接近"的意思，可以做谓语或补语。如：

[adj.] It means little difference, very near, which can be used as a predicate or complement. For example：

（1）这儿的气候和北京的差不多。

（2）我的口语跟他的差不多，都不太流利。

（3）你妈妈跟我想的差不多。

2.［副词］表示"接近、几乎"的意思，可以用在动词、形容词、数量短语之前。如：

[adv.] It means near or almost, which can be used before a verb, an adjective or a quantity phrase. For example:

（1）他们差不多走了三个小时。

（2）学生们差不多都走完了。

（3）他们两个人差不多高。

（4）这几个教室差不多大。

（5）他丢了差不多一千块钱。

（6）我来了差不多三年了。

（二）原来 former, originally

1.［名词］表示"开始的时候，从前"的意思。如：

[n.] It means at the beginning or before. For example:

（1）我原来在二班学习，后来到了八班。

（2）这里原来是个学校。

2.［形容词］表示"以前的，没有改变的"意思，只能做定语，和名词中间要加"的"。如：

[adj.] It means original or not changed, which can only be used as an attributive. The word 的 must be added in-between when it is used together with a noun. For example:

（1）我原来的想法是坐火车去。

（2）我还住在原来的地方。

（三）得 have to, should

［助动词］表示"必须、需要"意思。如：

[aux.] It means must or have to. For example:

（1）今天有考试，我得早点儿去教室。

（2）你病得很严重，得去医院。

注意："得"的否定形式是"不用"、"不需要"，而不是"不得"。如：

Notes: The negative form of 得 is 不用 or 不需要 (needn't), but not 不得 (must not). For example:

（1）今天是星期天，你不用起得那么早。

（2）我只是感冒，不用去医院。

六、练习 Exercises

（一）朗读短语 Read the following phrases

差不多大	差不多高	比爬山累	比公共汽车慢
比去年热得多	比你早十分钟	原来的打算	原来不想来
好多了	聪明多了	小得多	累得多
打开箱子	拉开书包	带到教室	拿到这儿
不下雨的话	早点睡觉的话	看样子要下雨	看样子他不太高兴

（二）替换练习 Substitutions

1. 火车票 比 飞机票 便宜 。

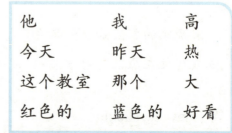

2. 今天比昨天冷多了。

他	我	高
这种词典	那种	贵
我的房间	弟弟的	干净
最近	以前	忙

3. 飞机比火车快十个小时。

哥哥	弟弟	大	三岁
这件衣服	那件	贵	二百块钱
我们班	他们班	少	三个人
明天的气温	今天	低	两度

4. 飞机没有火车准时。

他的汉语	你的	流利
这双鞋	那双	舒服
我的房间	他的	大
公共汽车	出租车	快

（三）根据课文回答问题 Answer the questions according to the text

1. 为什么大多数人选择坐火车去旅行？
2. 从南京到北京的飞机票大概多少钱？
3. 坐飞机旅行有哪些好的地方？有什么不好的地方？
4. 你愿意坐飞机旅行还是坐火车呢？为什么？
5. 为什么来上课的同学比平时少了一些？
6. 丁荣原来打算周末做什么？
7. 明天的天气怎么样？

(四)选词填空 Fill in the blanks

> 得　到　打折　比如　准时　原来　差不多　晚点　开　比

1. 我_____在上海，三年前来北京工作。
2. 天气这么冷，你_____多穿点儿衣服。
3. 下课以后，同学们_____都走了。
4. 这儿很多公共汽车都能到新街口，_____3路、108路、312路。
5. 你张_____嘴，我看看嗓子。
6. 昨天晚上他看电视看_____十二点才睡觉。
7. 火车又_____了，一个小时以后才能到。
8. 你跟服务员商量商量，她可能会给你_____点儿_____。
9. 这种电脑是最新的，_____原来的那种贵一千块钱。
10. 老张一直都很_____，如果他说七点到，就一定不会七点零一分到。

(五) 用括号里的词改写句子

Rewrite the following sentences with the words given

例句：哥哥18岁，弟弟15岁。（比）
哥哥比弟弟大三岁。

1. 昨天的气温是22度，今天是18度。（比）
   _____。

2. 化学楼有8层，数学楼有10层。（比）
   _____。

3. 这本书20块，那本书22块。（比）
   _____。

4. 这条裤子比较合适，那条裤子有点儿长。（比，一点儿）
   _____。

5. 这个饭店的菜很好吃，那个饭店的菜很不好吃。（比，多了）
   _____。

6. 汽车一般几万块钱，自行车一般四五百块钱。（比，得多）
   _____。

7. 上次考试考了70分，这次考试考了80分。（比，一些）
   _____。

8. 昨天的电影很好看，今天的电影不好看。（没有）
   _____。

（六）用括号里的词完成句子
Complete the following sentences with the words given

1. 中国很多城市风景都很漂亮，_____。（比如）
2. 买一个西瓜吧，_____。（比）
3. 对不起，我不能参加明天的晚会，因为_____。（得）
4. 昨天我等了你很长时间，_____。（到）
5. 虽然他有自行车，_____。（但是）
6. _____，但是我不太了解他。（虽然）

（七）连词成句　Make up sentences with the words given

例句： 今天　冷　比　昨天
今天比昨天冷。

1. 香蕉　便宜　苹果　比　一点儿
   _____

2. 空气　的　城里　郊区　比　得多　好
   _____

3. 到　二十课　我们　学　现在
   _____

4. 窗户 打 都 开 了

5. 早 原来 我 一点儿 回家 打算

6. 食堂 没有 的 做 菜 我 好吃 的

（八）阅读理解 Read comprehension

做男人难还是做女人难

做男人难还是做女人难？要回答这个问题挺不容易的。我是个女人，我知道做女人真的不容易，但是再想一想，男人也挺难的。

我家里有六个兄弟姐妹，小时候我看见妈妈每天忙里忙外，照顾 (zhào gù look after) 我们六个孩子，还要每天做饭、洗衣服、打扫房间，休息的时间都没有。而爸爸每天下班以后就是坐在电视机前看电视，从来不去帮妈妈做事情。我那时觉得妈妈太累了，长大以后我一定不做妈妈。

但那是不可能的。现在我结婚了，而且有了三个孩子，每天的生活和妈妈差不多。很多人说我太累了，其实我自己知道，丈夫比我累多了。社会一直在发展，家里的电器 (diànqì electric machine) 越来越多，比如洗衣机、微波炉 (wēibōlú microwave oven) 什么的，女人需要做的事情比以前少多了。另外，现在每个家庭一般都只有一个孩子，照顾孩子的工作也比以前容易多了。但男人的工作压力 (yālì pressure) 越来越大，每天很早就上班，很晚才下班。所以说，他们也非常不容易。

读短文回答问题 Answer the questions according to the passage

1. "我"妈妈每天的工作是什么？
2. "我"爸爸在家做事吗？
3. 现在"我"家有几口人？

4. "我"觉得现在做男人容易还是做女人容易？

5. 你觉得做男人容易还是做女人容易呢？为什么？

（九）请用下列偏旁写出至少三个汉字
Write out at least three characters including following radicals

穴：_____ _____ _____

刂：_____ _____ _____

（十）描写汉字 **Trace the characters**

欣	′	厂	斤	斤	欣	欣	欣
赏	⺌	⺌	⺌	学	学	学	常
	尚	赏	赏				
虽	丶	口	口	吕	吕	虽	虽
折	一	十	扌	扩	折	折	
订	丶	讠	计	订			
缺	⺈	上	午	缶	缶	缶	缺
	缺						
拉	一	十	扌	扩	扩	拉	
窗	丶	宀	宀	宀	宀	窜	窗
	窗	窗	窗				

帘	丶	丷	宀	宀	宋	帘	帘	帘
计	丶	讠	计	计				
夜	丶	亠	广	疒	疒	夜	夜	
晴	丨	冂	日	日	旷	旷	晴	晴
	晴	晴	晴					
刮	丿	二	千	舌	舌	舌	刮	刮

文化小贴士 Proverbs

世上无难事，只怕有心人。

Shì shang wú nánshì, zhǐ pà yǒu xīn rén.

Nothing in the world is too difficult if one puts his heart into it.

本课听说生词
New words in listening exercises

服务员	客人	年轻	队	输	赢
工资	重要	照相机	春天	暖和	
照顾	公里	中学	争论	太阳	
圆	随便	知识	阴	转	低
说不定	小伙子	台灯	算了	香港	孔子

94

第二十七课　我们国家跟中国不一样

Lesson 27　Our country is different from China

语法项目 Grammar：

1. 称数法（3）：万以上的数字

一亿一千万

2. 小数、分数、倍数：

一点二、十分之一、十倍

3. 能愿动词（3）"会"

它会发展得越来越好。

4. 比较句（2）：跟……一样

我们国家跟中国不一样。

5. 不但……而且……：

不但风景很美，而且人也非常热情。

重点词语 Key Words：

1. 什么的：

比如中山陵、夫子庙什么的。

2. 全：

全年最高温度三十四度。

功能项目 Activities：

介绍一个城市或国家

一、课文 Text

（一）美丽的城市南京

我到南京有一段时间了，现在让我来告诉你我了解和我看到的南京。

南京有六百多万人口，面积是六千五百九十七平方公里。南京有两千多年的历史，是一座很有名的城市。这儿不但有山有水，风景很美，而且名胜古迹非常多，比如中山陵、夫子庙什么的，每年都有很多人来参观旅游。南京跟很多大城市一样，一边发展经济，一边保护自己的历史和文化。

如果你问我最喜欢南京的什么，我会回答你：南京的树。南京很多路的旁边都有又高又大的树。到了夏天，南京就成了一座绿色的城市。走在这些树下，你会觉得很凉快。现在，这些树已经成了南京的城市"名片"。

我很喜欢南京。我相信，它会发展得越来越好。

(二) 我们国家跟中国不一样

我是尼日利亚人，今年九月来中国。我觉得中国跟我们国家有很多不一样的地方，比如人口、面积、气候、人们的生活什么的。

尼日利亚是非洲人口最多的国家，有一点二亿人口，差不多是中国人口的十分之一。尼日利亚的面积是九十二万平方公里，中国的面积是九百六十万平方公里，是我们国家的十倍。

尼日利亚只有两个季节：雨季和旱季，全年最高温度三十四度，最低温度二十度，从来不下雪。中国有春夏秋冬四个季节，冬天很冷。特别是南方的一些地方，因为没有暖气，房子里面跟外面一样冷。

我们国家历史悠久，中国的历史更长。我的专业是历史，所以我对中国历史很感兴趣。

二、生词 New Words

1. 段	m.(n.)	duàn	section, segment, part, paragraph	甲
2. 人口	n.	rénkǒu	population	乙
3. 面积	n.	miànjī	square measure, dimension	乙
4. 平方	n.	píngfāng	square; square (meter/etc.)	乙
5. 不但……而且……	conj.	búdàn…érqiě…	not only (... but also...)	甲
6. 美	adj.	měi	beautiful, pretty	乙
7. 名胜	n.	míngshèng	places famous for its scenery	乙
8. 古迹	n.	gǔjì	historic site	乙
9. 什么的	part.	shénmede	and so on	
10. 发展	v.	fāzhǎn	develop	甲
11. 保护	v.	bǎohù	protect	乙
12. 成	v.	chéng	become, turn into, achieve	甲
13. 凉快	adj.	liángkuai	nice and cool, pleasantly cool	甲
14. 名片	n.	míngpiàn	name card	
15. 相信	v.	xiāngxìn	trust, believe in, be convinced of	甲

第二十七课　我们国家跟中国不一样

16.	气候	n.	qìhòu	climate	乙
17.	人们	n.	rénmen	people, men, the public	甲
18.	亿	num.	yì	hundred million	甲
19.	……分之……		...fēn zhī...	expression of fraction	甲
20.	倍	b. f.	bèi	times, fold; double	甲
21.	季节	n.	jìjié	season	乙
22.	旱	adj.	hàn	dry, drought	丙
	旱季	n.	hànjì	drought season	
23.	全	adj., adv.	quán	whole, complete; completely, entirely	甲
24.	从来	adv.	cónglái	always, at all times, all along	乙
25.	雪	n.	xuě	snow	甲
26.	方	n.	fāng	direction	乙
	南方	n.	nánfāng	south, the south, (of China) regions	乙
27.	暖气	n.	nuǎnqì	heater, central heating	乙
28.	悠久	adj.	yōujiǔ	long in time, time honoured	乙
29.	更	adv.	gèng	more, further, evenmore	甲
30.	专业	n.	zhuānyè	special field of study, major	乙

▶ 专名   Proper Nouns

1. 中山陵	Zhōngshān Líng	Dr. Sun yat-sen's Mausoleum (name of a historic scenery)
2. 夫子庙	Fūzǐ Miào	Confucious Temple
3. 尼日利亚	Nírìlìyà	Nigeria
4. 非洲	Fēizhōu	Africa

本课新字   New Characters

段 积 胜 古 迹 亿 之 倍 季
早 雪 悠 更 专 陵 庙 尼 亚
洲

三、注释   Notes

非洲 Africa

　　世界七大洲之一，其他还有亚洲、欧洲、大洋洲、南美洲、北美洲、南极洲。

　　It is one of the seven continents. The rest are Asia, Europe, Oceania, South America, North America and Antarctica.

四、汉字知识 About Chinese Characters

偏旁——禾、尸　Radicals 禾 and 尸

1. 禾——禾木旁（hémùpáng）

用在字的左边或上边，"禾"组成的字意思大多与农作物有关。如：

It is placed at the left or on the top of a character. The meaning of characters with radical 禾 usually relates to crops. For example:

租　　积

2. 尸——尸字旁（shīzìpáng）

用在字的外部，"尸"旁组成的字意思大多与人有关。如：

It is used as the outside component of a character. The meaning of characters with radical 尸 usually relates to a human being. For example:

屋　　展

五、语法 Grammar

（一）称数法（3）：万以上的数字

Reading of numbers (3): Numbers over ten thousand

汉语万以上的基数表达如下：

The following are the expressions of numbers over ten thousand:

一万零一	一万零一十	一万零一百	一万一千	一万一千零一
十万零一	十万零一十	十万零一百	十万零一千	十一万
一百万零一	一百万零一百	一百万零一千	一百零一万	一百一十万
一千万零一	一千万零一千	一千零一万	一千零一十万	一千一百万
一亿零一	一亿零一万	一亿零十万	一亿零一百万	一亿一千万

万　十万　百万　千万　亿　十亿　百亿　千亿

注意: "0" 在数目的末尾时,不管是几个,都不读出;不处于末尾时要读出,但不止一个 "0" 连在一起时,只读一次。如:

Notes: If the last digital is 0, no matter how many zeros it has, it is not read, but if it is not at the end of a number, the 0 must be read, if more than one 0, only one is read. For example:

(1) 2350020　　读作:　两百三十五万零二十
(2) 2310000　　读作:　二百三十一万
(3) 45097301　　读作:　四千五百零九万七千三百零一
(4) 1324480000　　读作:　十三亿两千四百四十八万

(二) 小数、分数、倍数　Decimal Fractions, Fractions, Multiples

1. 小数表示法　Expressions of decimal fractions

小数的称数法是把小数点读作"点",小数点以后的部分只读系数,小数点前的部分与一般称数法相同。如:

A decimal fraction is to read the decimal dot as 点 (point). The digitals after the dot are read one by one while those before the dot are read like a normal number. For example:

(1) 0.2　　　读作:　零点二
(2) 2.385　　读作:　二点三八五
(3) 156.205　读作:　一百五十六点二零五

注意: 小数点后的 "0" 都要读出。如:

Notes: 0 after the decimal dot must be read out. For example:

1.003　读作:　一点零零三

2. 分数表示法　Expressions of fractions
通常用"分之"表示。如:

It is usually read as "分之"。 For example:

(1) 1/2　　读作:　二分之一
(2) 2/3　　读作:　三分之二
(3) 3/10　　读作:　十分之三

3. 倍数表示法：Expressions of multiples

在数词后加上"倍"，如五倍。

倍 is added after the number, such as 五倍 (five times).

注意： "倍"用在比字句中时，比字句中的形容词只能是"多、大、快"等词，而"少、小、慢"等形容词不能用在有倍数的比字句中。如：

Notes: When the word 倍 is used in a 比-sentence, the adjectives can only be 多, 大 and 快 and so on, while some adjectives, such as 少, 小 and 慢 and so on, cannot be used in a 比-sentence with 倍. For example:

他们公司比我们公司大一倍。　　*我们公司比他们公司小一倍。

A 比 B 多 n 倍=A 是 B 的 n+1 倍。如：

A is n times more than B = A is (n+1) times as large as B. For example:

今年的学生比去年多一倍（今年的学生是去年的两倍）

（三）能愿动词（3）"会"　Modal verbs (3) 会

"会"，能愿动词，表示有可能实现。如：

会 It is a modal verb, meaning something may be realized. For example:

（1）明天会下雨。

（2）以后还会有很多机会。

（3）今天晚上他一定会来。

（4）爸爸不会答应你这样做的。

（四）比较句（2）：跟……一样
Comparative sentences (2): Sentence with "跟……一样"

除了我们之前学习的比字句，汉语中还有其他形式可以用来表示两种事物或情况的比较。

In addition to the comparative sentences we have learnt before, there are some other forms to express the comparision between two things or situations.

1. 肯定结构　Affirmative Structure:

A 跟 / 和 B 一样（+形容词 / 动词）
A and B are the same / A is as + adj + as B

"A 跟/和 B 一样"表示A 和 B 比较的结果相同。如：

The structure A 跟/和 B 一样 means the same result after the comparision. For example：

（1）他的衣服的颜色跟我的一样。

（2）我们国家的气候和中国一样。

有时，"A 跟/和 B……一样"还可以用在形容词或动词之前，介绍AB两者在哪方面相同。如：

Sometimes, the structure A 跟/和 B 一样 can also be used before an adjective or a verb, focusing on which aspect A and B are the same. For example：

（3）小王跟我一样大，都是20岁。

（4）她跟我一样喜欢孩子。

2. 否定结构　Negative Structure:

A 跟/和 B 不一样
A is not the same as B /A is different from B.

"A 跟/和 B 不一样"表示AB两者比较结果不相同。如：

The structure A 跟/和 B 不一样, means that the comparision result is different. For example：

（1）他和我的想法不一样。

（2）我和弟弟爱好不一样。

"A 跟/和B 不一样"可以用在某些单音节形容词前，介绍AB两者在哪方面不同。如：

The structure A 跟/和 B 不一样 can also be used before some monosyllabic adjectives to express in what aspects A and B are different. For example：

（3）这个房间和那个房间不一样大。

（4）这根筷子跟那根不一样长。

3. 正反疑问结构　Affirmative-negative Structure:

A	跟 / 和	B	一样不一样？
A	and	B	are same or not?
他的想法	跟	你的	一样不一样？

（五）不但……而且……　**Not only... but also...**

"不但……而且……"引导一个递进复句，后一分句比前一分句表示的意思更进一层。这种复句常用的关联词，前一分句用"不但"，后一分句有"而且"、"还"、"也"、"更"等等。当两个分句主语相同时，"不但"放在主语的后面。如：

The structure 不但……而且…… introduces a progressive compound sentence, in which the later clause has an increasing meaning than the former one. The conjuction such as 不但 is used in the former clause, and 而且, 并且, 还, 也, 更 and so on are used in the later clause. When the subjects of two clauses are the same, 不但 is placed after the subject. For example:

（1）那个饭店不但环境好，而且菜也很好吃。
（2）小荣不但歌唱得好，舞跳得也很好。
（3）我们不但聊了学习的问题，而且还聊了两个国家的文化和习惯。
（4）这件衣服不但漂亮，还很便宜。
（5）他不但会说汉语，还说得不错。

当两个分句主语不同时，"不但"放在正句主语的前面。如：

When the subjects of the two clauses are different, 不但 is placed before the subject of the main clause. For example:

（6）不但大人们都知道，而且小孩子们也知道。
（7）不但朋友们不再找我，爸爸妈妈也不愿意见我了。

六、重点词语 Key Words

（一）什么的 and so on

"什么的"用在口语中，常常用在一个成分或几个并列成分之后，表示列举。如：

The phrase 什么的 is used in spoken Chinese, which is often used after a component or some parataxis components. For example:

（1）周末的时候我喜欢运动、散步、跟朋友聊天什么的。

（2）妈妈给我准备了书包、本子、笔什么的。

（3）包子、面条什么的我都爱吃。

（二）全 whole, complete; completely, entirely

1. ［形容词］表示齐全，完备。如：
[adj.] It means "whole" and "complete". For example:

（1）这个商店的东西很全，你能想到的东西都有。

（2）我的这套不全，没有第一本。

也表示全部的，整个的。用在名词之前，中间不能加"的"。如：

It also means "whole" and "all". At this time, it is used before a noun, in-between the word 的 cannot be inserted. For example:

全国、全校、全班、全家、全公司

2. ［副词］表示完全，都。如：
[adv.] It means completely, all. For example:

（1）他们全是我的朋友。

（2）这个月的钱我全用完了。

（3）下课以后，同学们全走了。

第二十七课　我们国家跟中国不一样

七、练习 Exercises

(一) 朗读短语　Read the following phrases

自然风景　　自然环境　　　不会下雨　　　会生病的
发展经济　　发展得很快　　从来不生气　　从来不说
和哥哥一样高　跟火车一样快　跟我的想法不一样　不一样的颜色
全班同学　　全都来了　　不但方便而且便宜　不但头疼而且咳嗽
七百二十万　一亿四千两百万　十三点二亿　　四点零八亿
三点一四一五　零点零零六　　三分之一　　　五分之二

(二) 替换练习　Substitutions

1. 我们国家的气候跟中国的一样。

这个字的发音	那个字
这里的天气	我们国家
他的衣服	我的
电视机今年的价格	去年

2. 房子里面跟外面一样冷。

今天	昨天	热
姐姐	妹妹	高
发音	语法	难
坐火车	坐汽车	快

3. 我和他专业不一样。

我们的包	颜色
这两条裤子	长短
我们俩的房间	大小
每个人	习惯

（三）读出下面的数字　Read out the following numbers

1200087	6985700	1340012841	4890000
0.21	3.14159	12.0038	890.999
1/4	5/18	1/100	2/1000

（四）根据课文回答问题　Answer the questions according to the text

1. 南京有多少人口？你以前住的城市呢？
2. 南京的面积是多少平方公里？
3. 南京因为什么非常有名？
4. "我"为什么那么喜欢南京？
5. 尼日利亚在哪个洲？
6. 中国有多少人口？比你们国家多多少？
7. 尼日利亚的气候怎么样？
8. 中国南方的气候有什么特点？

（五）选词填空　Fill in the blanks

> 什么的　平方　保护　不但　会　人口　专业　从来

1. 他大学时候学习的是翻译_____，可毕业后却当了老师。
2. 这个房间不大，大概有10_____米左右。
3. 你别担心，他答应了你，就一定_____帮你买到票。
4. 最近十多年，城市_____越来越多。
5. 他_____不跟别人聊天，大家都觉得他是个奇怪的人。
6. 如果我们每个人都注意_____环境，我们的环境就会越来越好。
7. 学校前面有很多店，比如水果店、面包店、超市_____，生活非常方便。
8. 那位老师_____教了我们很多东西，还教了我们怎么做人。

（六）用括号里的词改写句子
Rewrite the following sentences with the words given

例句： 他们班有15个学生，我们班也有15个学生。（一样）
他们班的学生跟我们班一样多。

1. 王明178 cm高，安达也是178 cm。（一样）
   _____。

2. 张文唱歌非常好，丁荣唱歌也非常好。（一样）
   _____。

3. 我的专业是历史，他的专业是经济。（不一样）
   _____。

4. 我们学校去年有500个学生，今年有1000个学生。（是……倍）
   _____。

5. 这个公司有600名职员，其中200名是女职员。（……分之……）
   _____。

6. 很多年轻人来这里锻炼身体，很多老人也来锻炼身体。（不但……而且……）
   _____。

7. 他想学习汉语，也想了解中国文化。（不但……还……）
   _____。

（七）用括号里的词完成句子
Complete the following sentences with the words given

1. 我喜欢走路去上班，_____。（从来）
2. 你有困难就来找我，_____。（会）
3. 中国菜很好吃，_____。（更）
4. 他的爱好很多，_____。（什么的）
5. 我们不但专业一样，_____。（而且）
6. 放假了，_____。（全）

(八) 阅读理解　Read comprehension

幸福是什么

很久以前有一个人，住在一个漂亮的城市里。他有一个漂亮的妻子和一个聪明的孩子，还有一个很好的工作。可是他还是觉得不满意。有一天他听说离这座城市几十公里的地方有另一座城市，那儿比这儿好得多，他就决定离开这里，去那个城市生活。一天早上，他出发（chūfā　start off）了。他一边走一边计划以后的生活，高兴极了。走了一上午以后，他有点累了，就在一棵大树下休息，他脱（tuō　put off）了鞋子，鞋子前面的方向是那个城市。可能是因为太累了，他睡着了。这个时候，一辆车从他身边过去，碰（pèng touch）到了他的鞋子，鞋子的方向又变成（biànchéng　change into）他原来住的城市的方向。

睡了一会儿以后，他醒了。然后他按照（ànzhào　according to）鞋子的方向走，几个小时以后他到了一个城市。他很高兴，觉得这个城市比原来的城市漂亮一点儿。他又到了一个家里，这个家里有一个女人和一个孩子。他觉得这个女人比自己的妻子漂亮一些，孩子比自己的孩子聪明一些。他很高兴地在这儿住下来了，他觉得他找到了他要的幸福。但是，他不知道，这个城市就是他原来住的城市，那个女人和孩子就是他的妻子和儿子。

读后判断正误　Judge the following true or false according to the passage

1. 那个人家有三口人。　　　　　　　　　　　　　（　）
2. 他没有很好的工作，所以他对生活不满意。　　　（　）
3. 他想去另外一座城市生活。　　　　　　　　　　（　）
4. 他走了一天，累了，就在一棵树下休息。　　　　（　）
5. 休息完以后，他走错了方向。　　　　　　　　　（　）
6. 他最后到了那个他想去的城市。　　　　　　　　（　）
7. 他和别的女人和孩子生活在一起了。　　　　　　（　）

（九）作文　Composition

中国和你们国家有哪些一样的地方？有什么不一样的地方？以"中国和我们国家不一样"为题目，从下列词语中选择8-10个写一篇作文。（不少于200字）

In what aspects is China the same as your country? In what aspects are they different? Choose 8 to 10 words from the following to write a composition with the title "China is different from our country". (200 characters at least)

面积　气候　人口　历史　亿　平方　公里　季节　一样　从来
不但……而且……　名胜　古迹　发展　保护　什么的　美　更

（十）请用下列偏旁写出至少三个汉字
Write out at least three characters including following radicals

禾：_____　_____　_____

尸：_____　_____　_____

（十一）描写汉字　Trace the characters

段	丶	厂	广	丰	臼	臼	段	段
积	一	二	千	禾	禾	利	和	积
			积					
胜	丿	月	月	月	月	胖	胖	胜
古	一	十	十	古	古			
迹	丶	二	亠	方	亦	亦	迹	迹
亿	丿	亻	亿					

之	、	之						
倍	丿	亻	亻'	亻立	位	位	倍	
	倍							
季	一	二	干	才	禾	季	季	
早	丶	口	日	日	旦	早		
雪	一	广	币	币	币	雪	雪	雪
	雪	雪						
悠	丿	亻	亻'	亻'	攸	攸	悠	
	悠	悠						
更	一	丆	而	而	百	更	更	
专	一	二	专	专				
陵	丨	阝	阝	阝+	陆	陆	陵	陵
	陵							
庙	丶	宀	广	广	庐	庙	庙	
尼	𠃌	𠃌	尸	尸	尼			
亚	一	丅	开	开	亚	亚		
洲	丶	氵	氵	氵	汌	洲	洲	洲

第二十七课 我们国家跟中国不一样

文化小贴士　Proverbs

十年树木，百年树人。

Shí nián shù mù, bǎi nián shù rén.

It takes ten years to grow trees but a hundred years to rear people.

本课听说生词
New words in listening exercises

要是　去世　空调　生产　机会　放学　西部　邻居

头发　像　谈　调皮　虫子　放　外婆　实用　纪念

纪念品　当地　理发　光临　样子　剪　烫　直

麻烦　鲁迅　亚洲　长城　昆明　西双版纳

第二十八课 妈妈的生日快要到了

Lesson 28　Mother's birthday is coming soon

语法项目 Grammar：

1. 语气助词"了"(2)：

   电脑坏了。

2. 比较句（3）：

   你的英语说得比以前好多了。

   丁荣的电脑水平比李明爱还低。

   国产的质量不比进口的差。

3. 快/要/就要……了：

   妈妈的生日快要到了。

4. 形容词重叠：

   一条长长的围巾。

5. 结果补语（4）：给、走

   寄给妈妈

   包裹终于寄走了。

重点词语 Key Words：

1. 为了：为了上网更方便

2. 终于：终于到她了

功能项目 Activities：

修理、生日

一、课文 Text

(一) 她的电脑坏了

　　为了上网更方便，李明爱去电脑城买了一台电脑。可是才用了几个月，电脑就坏了。李明爱去问丁荣，可丁荣的电脑水平比李明爱还低，她也不知道是怎么回事儿。没办法，李明爱只好去电脑城修。可是她怕自己不能说清楚，丁荣说："没问题，你的汉语比以前说得好多了！"

　　电脑城里人很多，李明爱排了二十分钟的队，终于到她了。师傅检查了好长时间，才告诉她，电脑里的一个零件坏了，要换一个新的。因为过了保修期，所以必须自己付钱。这种零件有中国生产的，也有进口的。进口的有点儿贵，国产的便宜一点儿，但是师傅说，国产的质量不比进口的差。李明爱决定买国产的。电脑终于修好了，更让李明爱高兴的是，现在她能用汉语跟中国人交流了！

(二) 妈妈的生日快要到了

李明爱妈妈的生日快到了。她想买一份礼物寄给妈妈。星期六早上她去了商场，可是逛了半天也不知道买什么。忽然，她想到，妈妈喜欢紫色，那么就买一个紫色的礼物吧。

最后她终于买到了满意的礼物：一条长长的紫色围巾，不但质量很好，而且很漂亮，妈妈一定很喜欢。这时她看了一下儿表，糟糕，已经四点半了，邮局五点就要关门了！李明爱急急忙忙地骑车去邮局，不一会儿就到了邮局门口。她又看了一下儿手表，怎么还是四点半啊？哎呀！表坏了，不走了！

进了邮局，李明爱才发现已经四点五十了，她要了一张包裹单,坐在旁边开始写。五点钟,包裹终于寄走了,李明爱这才感觉到腿又酸又痛,可是想到妈妈收到礼物时开心的样子,她就不觉得累了。

二、生词 New Words

1.	坏	adj.	huài	bad; evil; sth. wrong	甲
2.	为了	prep.	wèile	for the sake of, in order to	甲
3.	城	n.	chéng	town, city, urban area	甲
4.	水平	n.	shuǐpíng	standard, level	甲
5.	修	v.	xiū	repair, mend, fix, build, construct	乙
6.	怕	v.	pà	fear, dread; worried, be afraid	甲
7.	排队	v. o.	pái duì	queue up, line up	丁
8.	终于	adv.	zhōngyú	at last, finally	乙
9.	零件	n.	língjiàn	spare parts, accessory, parts	丙
10.	过	v.	guò	expend, excess	甲
11.	保修期	n.	bǎoxiūqī	warranty period	
12.	必须	aux.	bìxū	must, have to, necessary	甲
13.	付	v.	fù	pay; hand or turn over to	乙
14.	进口	v. o.	jìn kǒu	import	乙
15.	交流	v., n.	jiāoliú	communicate; communication	乙

16. 份	m.(n.)	fèn	a measure word for present, job ect.	乙
17. 忽然	adv.	hūrán	suddenly, unexpectedly	甲
18. 紫	adj.	zǐ	purple	乙
19. 围巾	n.	wéijīn	muffler, scarf	丙
20. 手表	n.	shǒubiǎo	watch	甲
21. 糟糕	adj.	zāogāo	how terrible, what bad luck	乙
22. 急忙	adv.	jímáng	in a hurry, in haste	乙
23. 包裹	n., v.	bāoguǒ	package, parcel; wrap up	丁
24. 腿	n.	tuǐ	leg, gam	甲
25. 酸	adj.	suān	sour, tart; sick at heart, grieved	甲
26. 痛	adj.	tòng	aching, painful	乙
27. 收	v.	shōu	receive, accept	甲
28. 开心	adj.	kāixīn	happy, joy	丁

本课新字 New Characters

修 怕 终 于 必 须 付 份 忽
紫 巾 糟 裹 腿 酸 痛

三、注释 Notes

不一会儿 in a moment

同"一会儿",意思为"不长时间"。如:

The same as 一会儿, meaning not a long time. For example:

车开得很快，一会儿就到了山下。

车开得很快，不一会儿就到了山下。

四、汉字知识 About Chinese Characters

偏旁——米、⻗　Radicals 米 and ⻗

1. 米——米字旁（mǐzìpáng）

一般用在字的左边，有时在上边或下边，"米"组成的字大多与粮食有关。如：

It is usually placed at the left, on the top or at the bottom of a character. Characters with radical 米 mainly relate to grains. For example:

糕　　粟　　类

2. ⻗——雨字头（yǔzìtóu）

用在字的上边，"⻗"旁组成的字大多与气象有关。如：

It is used on the top of a character. Characters with radical ⻗ mainly relate to weather. For example:

雪　　雾

五、语法 Grammar

（一）语气助词"了"（2）　The mood auxiliary word 了 (2)

句末语气助词"了"可以表示情况或事物的性质、状态发生变化。如：

The mood auxiliary 了 at the sentence end means that the situation or the nature and state of something have changed. For example:

（1）我的表坏了。（刚才还是好的）

（2）他开始喜欢看电影了。（以前不喜欢）

（3）现在水果便宜了。（以前比较贵）

（4）我不想去了。（原来想去）

（5）他的脸红了。（刚才还不红）

（二）比较句（3） Comparative sentences (3)

1. 结构1　Structure 1:

A　比　B + 动词 + 　其他成分
A Compare　B + Verb + Some other components

在比字句中，谓语由动词充当，则动词后必须带其他成分。其他成分可以是宾语，也可以是补语。如：

In the comparision sentence with 比, if a verb is the predicate, it must be followed by other components, which can be the object, or the complement. For example:

（1）他比我喜欢看书。

（2）姐姐比妹妹会说话。

（3）他现在比以前进步多了。

注意：在这类比较句中，如果动词后面带有状态补语，那么"比……"既可以放在动词前，也可以放在动词后。如：

Notes: In this kind of comparative sentences, if a verb is followed by a result complement, the word "比……" can be put after a verb as well as before it. For example:

（1）他比我跑得快。　　= 他跑得比我快。

（2）我比他来得早一点儿。= 我来得比他早一点儿。

（3）弟弟比我吃得少多了。= 弟弟吃得比我少多了。

2. 结构2　Structure 2:

A　比　B + 更/还 + 形容词
A Compare　B + More + Adjective

意义为：B很……，但A更……。如：

It means that B is very... and A is much more.... For example:

（1）这件比那件更贵。（那件很贵，这件更贵）

（2）下午比上午还热。（上午已经很热了，下午更热）

3. 结构3　Structure 3:

| A 不比 B ＋ 形容词 |
| A is not as ＋ adj. ＋ as B |

意义为：A 和 B 差不多…… 如：

Meaning: A and B are more or less the same. For example:

（1）他不比我高。（他和我差不多高）

（2）北京队不比上海队差。（北京队和上海队水平差不多）

（三）快／要／就要……了　Action will happen soon

对于句末表示实现意义的"了"，如果谓语前有表示"将要"意义的词语，如"快"、"快要"、"要"、"就要"等等，则全句表示即将发生某种情况。如：

If there is a 了 meaning the realization of something at the end of a sentence, meanwhile words meaning "be going to", such as 快，快要，要 and 就要 exist before the predicate, the whole sentence means that something will happen soon. For example:

（1）快过春节了/快要过春节了/要过春节了/就要过春节了。

（2）妈妈的生日快到了/快要到了/要到了/就要到了。

注意：句子里若有具体的时间词语，则不能用"快要……了"、"快……了"，而要用"要……了"、"就要……了"。如：

Notes: If there is a certain time phrase in the sentence, the expressions 要……了 and 就要……了 ought to be used instead of 快要……了 or 快……了. For example:

＊小伟明年快要/快上大学了。

小伟明年就要/要上大学了。

（四）形容词重叠　Reduplication of adjectives

汉语中有些形容词可以重叠，有表示程度加深和加强描写的作用。单音节性质形容词按 AA 式重叠，双音节性质形容词按 AABB 式重叠。形容词重叠后在句中可以做定语、状语和补语。如：

Some adjectives can be reduplicated, implying the deeper of the degree and the enhancer of the description. Monosyllable nature adjectives can be reduplicated as AA, while disyllable ones can be reduplicated as AABB. Reduplication of adjectives can act as attributives, adverbials and complements. For example：

（1）他高高的个子，黑黑的头发，大大的眼睛，看起来很精神。

（2）听了这些话，他高高兴兴地出门去了。

（3）你最好走得远远的，再也别回来。

注意：形容词重叠以后前面不可以再加"很、非常、特别"等程度副词修饰。如：

Notes：Degree adverbs such as 很，非常 and 特别 can not modify the reduplicated adjectives. For example：

（1）＊他有一双很大大的眼睛。

（2）＊今天我们的宿舍特别干干净净。

（3）＊她每天都穿得非常漂漂亮亮。

（五）结果补语（4）："给、走" Result complement (4)：给，走

1."给"用在动词后面，表示交给、付出的意思。如：

The word 给 is used after a verb, meaning to hand, or pay out. For example：

（1）学校寄给我一封信。

（2）他送给我一个杯子。

（3）这个练习本请你带给他。

2."走"做结果补语表示离开原来的地方。如：

The word 走 in a result complement means to leave one's original place. For example：

（1）我的词典他借走了。

（2）我们送走客人以后就休息了。

（3）信已经寄走了。

六、重点词语 Key Words

（一）为了 for the sake of, in order to

[介词]引导一个词或短语，构成介词短语做状语，表示目的，后面的主句表示为此目的而采取的行动。如：

[prep.] As a preposition, it introduces a word or a phrase to form a preposition phrase as an adverbial, indicating purpose. The main clause followed means the actions taken for this purpose. For example:

（1）为了提高汉语水平，他每天努力学习。

（2）为了早一点回家，他很快地做完了所有的工作。

（3）为了上班方便，他买了一辆车。

（二）终于 at last, finally

[副词]表示经过较长的过程之后最后出现的结果。多用于希望达到的结果。如：

[adv.] It means a result comes into being after a long process. Usually, it implies an expected result. For example:

（1）坐了五个小时的车，我终于到家了。

（2）我又说了一次，她终于听懂了。

七、练习 Exercises

（一）朗读短语 Read the following phrases

要下雨了	快上课了	明天就知道了	不想去了
天晴了	已经两点多了	高高兴兴地走了	长长的头发
眼睛红红的	比昨天还冷	比咖啡更香	不比别人差
不比地铁快	比我考得好	来得比他早	忽然生气了
忽然不见了	送走了朋友	还给你这本书	写给小王的信

（二）替换练习　Substitutions

1. 你的汉语比以前说得好多了。

北京队	上海队	踢
这本书	那本书	卖
他	我	游
这次的作业	上次	做

2. 房间里不比外面暖和。

弟弟	哥哥	聪明
香蕉	苹果	便宜
这次考试	上次	容易
这套房子	那套	便宜

3. 丁荣的电脑水平比李明爱还低。

这本书	那本书	难
丁荣	安德	努力
游泳	爬山	有意思
汽车	自行车	方便

4. 邮局五点就要关门了。

我们	下星期	考试
安德	明天	回国
小张	半年以后	当爸爸
妈妈	下个月	50岁

（三）根据课文回答问题　Answer the questions according to the text

1. 丁荣帮李明爱修电脑了吗？为什么？
2. 李明爱的汉语怎么样？
3. 李明爱的电脑什么地方坏了？

4. 李明爱为什么这一天很高兴？

5. 李明爱送妈妈什么礼物？

6. 邮局大概几点关门？

7. 忙了一天，李明爱觉得累不累？

（四）选词填空　**Fill in the blanks**

| 必须 | 半天 | 酸 | 终于 | 不一会儿 | 进口 |
| 还 | 走 | 忽然 | 为了 | | |

1. 你打个车去，_____就能到。

2. 她想了_____，还是拿不定主意要哪一个。

3. 这种空调是从美国_____的，所以价格贵一些。

4. 这瓶牛奶打开一天了，有点儿_____了，不能喝了。

5. 我们_____想办法帮助他。

6. 看比赛的人比参加比赛的人_____着急。

7. 刚才还是晴天，_____下雨了。

8. _____快一点做完这些工作，我请了一个人帮我。

9. 小姐，这是您的东西，请拿_____。

10. 他在医院里住了两个多月，病_____好了。

（五）模仿例句，改写句子　**Rewrite the sentences after the modal**

例句：他的脸刚才不红，现在很红。

他的脸红了。

1. 前几天还很冷，这两天越来越暖和。

_____。

2. 他原来想去北京旅行，现在不想去。
   _____。

3. 他刚来中国的时候不习惯这儿的生活，现在很习惯。
   _____。

4. 上个月这种电视机卖1200块钱，这个月开始卖1100块钱。
   _____。

例句： 他游泳游得很慢，我游得很快。
我比他游得快。

1. 安德汉字写得不好，丁荣汉字写得很好。
   _____。

2. 沙可吃得不太多，波伟吃得很多。
   _____。

3. 他晚上10点睡觉，我晚上11点睡觉。
   _____。

4. 王明跑得很快，我跑得很慢。
   _____。

例句： 他买了一条长围巾。
他买了一条长长的围巾。

1. 他有一双大眼睛。
   _____。

2. 波伟的房间又大又干净。
   _____。

3. 李明爱每天都穿得很漂亮。
   _____。

4. 你再仔细看一看。

   _____。

（六）用括号里的词改写句子

Rewrite the sentences with the words given

例句： 哥哥 185 cm，弟弟 190 cm。（比，更）

弟弟比哥哥更高。

1. 那本书 80 块，这本书 100 块。（比，更）

   _____。

2. 去年有 10 万名游客，今年有 12 万名游客。（比，还）

   _____。

3. 我早上 5 点起床，我同屋 4 点半起床。（比，还）

   _____。

4. 我的宿舍只有 10 平方米，波伟的也差不多。（不比）

   _____。

5. 进口的电脑很贵，国产的也不便宜。（不比）

   _____。

（七）用括号里的词完成句子

Complete the sentences with the expressions given

1. 他找了十几家商店，_____。（终于）
2. 今天是十二月二十号，_____。（快……了）
3. 我现在是大学四年级，_____。（就要……了）
4. 到教室的时候我才发现，_____。（糟糕）
5. _____，丁荣买了一本词典。（为了）
6. 我正在图书馆看书，_____。（忽然）

7. _____，就带了一点儿药。（怕）

8. 如果你想参加比赛，_____。（必须）

（八）改错句　**Correct the following sentences**

1. 八点快要上课了，快走吧。
2. 他打车来学校，可终于迟到了。
3. 不但我会说英语，而且会说法语。
4. 北京的冬天比南京很冷。
5. 我的汉语水平比以前差不多。
6. 姐姐说得比我不流利。
7. 我昨天晚上八点钟就睡觉了，为了今天早上不迟到。
8. 我每天都很认认真真地听课。

（九）阅读理解　**Reading comprehension**

　　今天晚上七点有一场南京队和上海队的足球比赛。李明爱和王明约好了一起去体育馆看比赛。六点半李明爱已经到了体育馆的北门，可是等了二十分钟，也没见到王明。李明爱非常着急，比赛快开始了，她给王明打了个电话，没想到，王明正在南门着急地等她呢！原来，他们只说了在体育馆门口见，却没说在体育馆的哪个门口见面。终于，在比赛开始前两分钟，他们俩坐到了自己位子上。

　　李明爱是上海队的球迷（mí fan），她觉得，上海队一定会赢，因为上海队比南京队踢得好。王明喜欢南京队，他说，那可不一定，虽然南京队没有上海队踢得那么好，但是比赛在南京举行，很多南京球迷会去看比赛，今天他们不一定比上海队踢得差。比赛开始了，两个队的球员都踢得很好，球迷们也大声为他们加油（jiā yóu　cheer）。90分钟后，比赛结束了，比分是3:2，南京队比上海队多进了一个球，赢了这场比赛。王明高兴得跳了起来。

读短文回答问题 Answer the questions according to the passage

1. 比赛几点开始？
2. 王明迟到了吗？为什么他没来找李明爱？
3. 他们俩什么时候进了体育馆？
4. 李明爱觉得哪个队会赢？为什么？
5. 王明觉得哪个队会赢？为什么？
6. 哪个队最后赢了比赛？他们进了几个球？

（十）请用下列偏旁写出至少三个汉字

Write out at least three characters including following radicals

米：_____ _____ _____

雨：_____ _____ _____

（十一）描写汉字 Trace the characters

修	丿	亻	亻	作	攸	攸	修	修
怕	丶	忄	忄	忄	忄	怕	怕	
终	乙	乡	纟	纟	纟	终	终	终
于	一	二	于					
必	丶	心	心	必	必			
须	丿	彡	彡	纟	纟	须	须	须
付	丿	亻	仁	付	付			
份	丿	亻	仁	价	份	份		

忽	丿	勹	勿	勿	忽	忽	忽	
紫	丨	卜	止	此	此	此	紫	紫
	紫	紫	紫					
巾	丨	冂	巾					
糟	丶	丷	半	米	米	米	糒	糒
	糒	糟	糟	糟	糟	糟	糟	
裹	丶	亠	亠	亠	亩	章	章	亩
	裹	裹	裹	裹				
腿	丿	刀	月	月	刖	刖	朋	朋
	朋	朋	朋	腿				
酸	一	丆	丙	西	西	酉	酢	酢
	酢	酢	酸	酸				
痛	丶	亠	广	广	疒	疒	疒	痈
	痈	痈	痛					

第二十八课　妈妈的生日快要到了

> **文化小贴士：Proverbs**
>
> 一年之计在于春，一天之计在于晨，一生之计在于勤。
>
> Yì nián zhī jì zài yú chūn, yì tiān zhī jì zài yú chén, yì shēng zhī jì zài yú qín.
>
> Make the year's plans in the spring, the day's plans early in the morning and the whole life's plans in diligence.

本课听说生词
New words in listening exercises

该	乘客	年纪	腰	有劲儿	爱人	国际	国内
出差	使用	难过	干	商量	老	父亲	母亲
变化	戴	毛病	遥控器	免费	超过		

131

第二十九课　波伟从上海回来了

Lesson 29　Bo Wei came back from Shanghai

语法项目 Grammar：

1. 趋向补语（1）：动词 + 来/去

   波伟从上海回来了。

2. 一……就……：

   他上午一下课就坐火车去上海了。

3. 感叹句：真好吃！

4. 无主语句：下雪了。

5. 序数的表达：

   他是第一次看见下雪吧？

重点词语 Key Words：

1. 正好：

   我正好要打电话请你们过来呢。

2. 分别：

   他们两个人分别和小雪人合了影。

3. 替：

   又请别人替他们俩和小雪人照了一张。

功能项目 Activities：

动作趋向的描述

一、课文 Text

（一）进来吧

波伟的爸爸来上海开会，波伟已经几个月没有见到爸爸了，他高兴极了。正好星期五下午没有课，他提前买好了火车票，上午一下课就坐火车去上海了。

星期天傍晚，丁荣听说波伟回来了，就去找李明爱。她们请波伟买了一点儿东西，她想去看看波伟买来了没有。她们来到波伟的房间，敲了敲门，听见波伟说："谁啊？进来吧。"丁荣一进门就看见桌上有一个方盒子，她高兴地说："哈哈，那个里面装的是好吃的东西吧？"波伟点点头，"你猜对了，是上海的点心。我正好要打电话请你们过来呢，你们尝尝怎么样？""嗯，真甜！真好吃！波伟，你太好了！"两个人高兴地大声回答。她们要的东西波伟也买来了，她们感到非常满意。

（二）一下雪她就和朋友去堆雪人

下雪了，外面变成了一个白色的世界。好美啊！李明爱穿了妈妈织的毛衣，在宿舍里欣赏窗外的雪景。李明爱非常喜欢下雪，在韩国时，一下雪她就和朋友到外面去堆雪人，非常好玩儿。现在她又想去外面玩玩儿了。对了，波伟的国家从来不下雪，他是第一次看见下雪吧？李明爱脾气很急，一想到这儿，她就马上给波伟打电话，让他赶快下楼去，自己也拿了照相机下去了。他们来到学校的操场，看见有不少人正在堆雪人，有几个小孩子在互相扔雪球，大家都很兴奋。在李明爱的指导下，不一会儿，一个可爱的小雪人就做好了，他们两个人分别和小雪人合了影，又请别人替他们俩和小雪人照了一张，要给自己的父母和朋友寄去。

第二十九课 波伟从上海回来了

二、生词 New Words

1.	正好	adv.	zhènghǎo	just in time	乙
2.	傍晚	n.	bàngwǎn	late afternoon	乙
3.	方	adj.	fāng	square	乙
4.	盒子	n.	hézi	box	
5.	哈哈	on.	hāhā		甲
6.	装	v.	zhuāng	load, hold, pack	甲
7.	猜	v.	cāi	guess	乙
8.	点心	n.	diǎnxin	pastry	甲
9.	过来	v.(c.)	guòlai	come over	甲
10.	嗯	intj.	ǹg	*indicating a reply*	甲
11.	甜	adj.	tián	sweet	乙
12.	大声	n.	dàshēng	loud voice	甲
13.	外面	n.	wàimiàn	outward, outside	乙
14.	世界	n.	shìjiè	world	甲
15.	织	v.	zhī	weave	乙
16.	雪景	n.	xuějǐng	snow scenery	
17.	堆	v.	duī	pile up, heap	乙
18.	好玩儿	adj.	hǎowánr	interesting	乙
19.	脾气	n.	píqi	temperament	乙
20.	赶快	adv.	gǎnkuài	quickly	乙
21.	扔	v.	rēng	throw, throw away	乙

135

22. 兴奋	adj.	xīngfèn	excited	乙
23. 指导	v.	zhǐdǎo	direct	乙
24. 分别	adv., v.	fēnbié	separately; part with	乙
25. 合影	v. o.	hé yǐng	joint photo, group photo	
26. 替	v., prep.	tì	take the place of; for	乙

本课新字 New Characters

傍 盒 哈 装 猜 嗯 甜 界 织

堆 脾 赶 扔 奋 指 替

三、注释 Notes

(一) 在韩国时 When in Korea

"在……时"意思是"在……的时候"。

The phrase "在……时" means "when".

(二) 一个可爱的小雪人做好了 A lovely little snowman has been completed

这个句子是汉语中的意义上的被动句,"小雪人"是受事主语,不是施事主语。

This sentence is meaningly passive in Chinese. "小雪人" is a patient, not an agent.

四、语法 Grammar

（一）趋向补语（1）：动词 + 来 / 去
Tendency complement (1): Verb + come/go

动词"来"和"去"用在一些动词（上、下、进、出、回、过等）后面做补语，说明动作的趋向，这种补语叫简单趋向补语。表示动作向着说话人或所谈的事物的方向进行时用"来"，如果是朝着说话人或所谈的事物的相反的方向进行时用"去"。如：

The verbs 来 (come) and 去 (go) used after some verbs such as 上（go up）, 下 (come down), 进 (enter), 出 (go out), 回 (come back), 过 (pass) and so on, explaining the tendency of the action. This kind of complement is called simple tendency complement. Verb 来 is used to express that the action is toward to the speaker or to what is talked about. Verb 去 is used to express that the action is leaving the speaker or leaving what is talked about. For example:

（1）上课了，我们的老师进来了。（我们在教室里）
（2）下课了，我们的老师出去了。（我们在教室里）

1. 动词的宾语是处所词时，结构为：
The following structure is used when the object of the verb is a place or location：

主语 Subject	+ 动词 Verb	+ 处所宾语 Places or locations	+ 来 / 去 Come/go	
我	要到	上海	去。	
老师	进	教室	来	了。
下课后，他们	都回	宿舍	去	了。

2. 动词的宾语是表示事物的词语时，结构为：
The following structure is used when the object is a thing:

动作已经完成的情况，可以用"动词+来/去+宾语"的格式，"了"放在动词的后面，或"来/去"的后面。"了"在主要动词后面时，"来/去"应该放在宾语的后面。如：

The structure "V+来／去 + 宾语" expresses the state of fulfillment of the verb action. The word 了 is used after the verb or after 来 or 去. When the word 了 is used after the main verb, 来 or 去 ought to be put after the object. For example:

（1）他带了一个西瓜来。

（2）我到邮局给他寄去了一封信。

（二）一……就…… as soon as

"一……就……"连接一个复句。

This phrase connects a complex sentence.

1. 表示两件事情紧接着发生，前后两个动词不同，主语可以是一个，也可以前后不同。如：

It expresses that two incidents happen one after another. The subjects may be the same or different. For example:

（1）他一起床就去跑步了。

（2）妈妈一进门，妹妹就抱住了她。

2. 前一个动作表示条件和原因，后一个动作表示结果。如：

The first action expresses the condition and causes, and the second one expresses the result. For example:

（1）老师一讲我就懂了。

（2）我一喝酒脸就红。

（三）感叹句　Exclamatory sentence

感叹句是用来表达赞扬、感慨、惊讶、愤怒等强烈感情的句子。句末多用语气助词"啊、了、呢"，用感叹号"！"表示语气停顿。语气助词前面常用形容词。格式为：

An exclamation sentence expresses praising, exclaiming, astonishing and indignation. Mood auxiliary such as 啊, 了 and 呢 are used at the end of the sentence. Exclamation mark "！" is used to pause. Adjectives are often used before mood auxiliary. The form is as the following:

| 主语 + 真/太/好/多 + 形容词 + 语气助词 +！ |
| Subject + 真/太/好/多 + Adjective + Mood auxiliary +！ |

苹果	真		甜		！
这件衣服	太		便宜	了	！
他的车		好	漂亮	啊	！
那个人		多	高	啊	！

用"真、好、多"时，句末不带"了"；用"太"时，句末一般带"了"。"啊"一般和"多、好"连用。

When 真, 好 and 多 are used, 了 is usually not used at the sentence end; when 太 is used, 了 is usually used at the sentence end. 啊 is often used together with 多 and 好.

（四）无主语句　No-subject sentences

汉语里表示祝贺、祈使或禁止，说明自然现象的句子往往没有主语，这些句子称为无主句。无主句往往采用"动词 + 宾语"的格式，主要分以下几类：

In Chinese, there are usually no subjects in the sentences expressing congratulations, imperative, forbiddenness or describing natural phenomenon, which are called no-subject sentences. The structure "verb + object" is the normal one, which is classified into the following:

1. 说明自然现象。如：

To explain the natural phenomenon. For example:

（1）出太阳了。

（2）要刮风了。

2. 表示祝愿。如：

To express wish or congratulations. For example:

（1）祝你生日快乐！

（2）为我们的友谊干杯！

3. 表示祈使或禁止。如：

To express imperative or forbiddenness. For example:

（1）随手关门。

（2）请勿吸烟！

（五）序数的表达　Expression of ordinal numbers

序数词是表示数目顺序的。结构为："第 + 数词"。如：第一、第五、第三十六、初一。序数词与名词连用时要有量词。如：第三个人、第一个星期。

表示顺序的数词有时不用"第"。如：

Ordinal numbers are used to express the consequences. The structure is "第 + 数词", such as 第一 (the first), 第五 (the fifth), 第三十六 (the thirty-sixth) and 初一 (the first day of a lunar month). Measure words are needed when ordinal numbers are used before a noun, such as 第三个人 (the third person), 第一个星期 (the first week).

Sometimes the word 第 is not used in the expression of ordinal numbers. For example:

（1）年代、月份：一九九八年、三月

（2）日期：七号、二十四号

（3）楼房层数：六楼（第六层楼）、二层（第二层楼）

（4）班级、组织：一年级二班（一年级第二个班）、五班、三组

（5）家庭成员排行：二叔、三姨（排在最前面的不用"一"，而用"大"，如：大哥、大姐等。）

五、重点词语 Key Words

（一）正好　just in time

［副词］表示刚好遇到机会。用在动词前，也可用在主语前。如：

[adv.] It means that an opportunity appears as it happens. This phrase is used before a subject as well as a verb. For example:

（1）我刚要去找他，他正好来了。

（2）他这次考试，正好得了六十分。

（3）我没买到票，正好波伟多了一张票。

（二）分别　separately, part with

1.［副词］表示各自，不一起。如：

[adv.] It means separately, not together. For example:

（1）考试后，我们分别进了不同的班级。

（2）昨天我分别给两个朋友打了电话。

（3）他们分别拿到了老师给的本子。

（4）波伟和李明爱分别住在六楼和八楼。

2.［动词］表示离别。不能带宾语。不能重叠。如：

[v.] It means to part, which can not be followed by an object, and it cannot be reduplicated, either. For example:

（1）在南京的汉语学习结束了，明天我们就要分别了。

（2）我从小到大没和妈妈分别过。

（3）我跟他已经分别五年多了。

（三）替　take the place of, for

1.［动词］代替。可带名词、代词宾语。如：

[v.] It means take the place of. It can be followed by a noun and a pronoun object. For example:

（1）今天王老师病了，李老师替他来给我们上课。

（2）我替小张去了上海，因为他有事。

（3）她请邻居替她照顾一下小孩子。

2.［介词］指出动作行为的对象，相当于"为"，"给"。如：

[prep.] It indicates the patient of an action of performance, which is similar to 为 and 给. For example:

（1）你去邮局时，替我买两张邮票吧。

（2）我替你向老师请个假。

（3）爸爸说，过生日时，一定替我买礼物。

六、练习 Exercises

（一）朗读短语 Read the following phrases

上来	进来	回来	下去	进去	回去
进教室来	上楼来	带照相机来	回宿舍去	回家去	买报纸去
真好	真漂亮	太美了	太好吃了	多大呀	多美呀
好便宜啊	好高啊	赶快走	赶快吃	赶快写	赶快说
第一天	第二个星期	第三个月	第四年	二楼	三班

（二）替换练习 Substitutions

1. A：他回来了吗？
   B：回来了。

第二十九课　波伟从上海回来了

2. 波伟回宿舍去了。

上	楼	去
到	上海	来
到	邮局	去
进	教室	来

3. 我一回家就开始做作业。

下课	去食堂吃饭
上车	看见他了
听	懂了
看照片	想妈妈了

4. A：我的新衣服怎么样？
   B：真漂亮！

这种蛋糕	好吃
这儿的东西	便宜
这个歌	好听
昨天的电影	有意思

（三）根据课文回答问题　Answer the questions according to the text

1. 波伟为什么非常高兴？
2. 波伟什么时候去上海？
3. 丁荣她们要的东西波伟给她们买来了吗？还买了什么？
4. 李明爱她们高兴不高兴？为什么？
5. 下雪时，李明爱喜欢做什么？
6. 波伟以前见过雪吗？为什么？
7. 他们去哪儿堆雪人了？
8. 雪人做好后，他们做了什么？

（四）选词填空　Fill in the blanks

> 装　　分别　　赶快　　正好　　替　　猜　　兴奋　　世界

1. 我今天身体不舒服，你_____我向老师请个假吧。
2. 我长大以后要去_____各国旅行。
3. 我的书已经_____进书包里了。
4. 昨天去超市时，我们_____买了自己想买的东西。
5. 要迟到了，_____走吧。
6. 我是谁？你_____一下。
7. 我们_____要去外面的饭店吃饭，你也一起去吧。
8. 听说爸爸要来中国看我，我_____极了。

（五）用"来"或"去"填空　Fill in blanks with 来 or 去

1. A：你出_____的时候，他在做什么？
   B：还没起_____呢。
   A：是吗？我过_____看看。

2. A：他下_____了吗？
   B：下_____了，但是又上_____了。
   A：怎么了？
   B：他拿错书了。所以换书_____了。

3. A：我要的书买_____了吗？
   B：买_____了，我到书店_____的时候，只有两本了。
   A：是吗？谢谢你。

4. A：听说小李从美国回_____了。
   B：他是五年前出_____的吧？
   A：是啊，时间过得真快！

第二十九课　波伟从上海回来了

（六）模仿造句　Make up sentences by imitation

例句： 他进去了 + 教室
他进教室去了。

1. 下课以后我要回去 + 宿舍

2. 他下来了 + 楼

3. 我们下去吧 + 山

4. 外面有点冷，我们进去吧 + 屋

5. 弟弟已经上去了 + 车

（七）用"就"完成句子　Complete the following sentences with 就

1. 我一喝咖啡_____。
2. 他一起床_____。
3. 孩子一看见妈妈_____。
4. 爸爸一看球赛_____。
5. 我一感冒_____。
6. 我们一下课_____。

（八）用下面的词语改写感叹句

Change the following into exclamatory sentences with the words given

1. 商店里有很多人。（真）

2. 今天天气非常冷。（太）

_____

3. 她新买的毛衣很漂亮。（好）

_____

4. 他的汉语说得很流利。（多）

_____

5. 我想再去北京看看。（真）

_____

（九）改错句 Correct the following sentences

1. 我看见她进去教室了。
2. 昨天他带来一盒点心了。
3. 他上去楼拿照相机了。
4. 小明一回家看电视了。
5. 参观完后，我们坐车回去学校。
6. 来中国后，妈妈经常我寄包裹去。
7. 这是一本真便宜的书。
8. 他今天六点起来床了。

（十）选用下面的词语（至少 8–10 个）写一段话：不少于 200 字
Choose at least 8–10 words to write a passage with over 200 characters

正好	外面	猜	大声	傍晚	一……就……	合影
分别	装	赶快	兴奋	脾气	甜	盒子	扔
好玩儿	雪景

（十一）阅读理解 Reading comprehension

小时候，我最喜欢爸爸妈妈去外地出差 (chū chāi go on business) 了。

第二十九课　波伟从上海回来了

因为他们每次回来，都会给我和弟弟带礼物。在他们出去前，我和弟弟总是对他们说，一定要给我们买礼物哦。爸爸和妈妈也总是不会让我们失望(shīwàng disappointed)。所以每次爸爸、妈妈一回到家，我和弟弟就高兴得不得了，马上拿过他们的包，看看他们给我们带回了什么好东西，爸爸妈妈有时候给我们买一些吃的，像糖、饼干什么的，有时候给我们买新衣服。因为爸爸妈妈给我买的衣服比弟弟多，所以弟弟看到爸爸妈妈又给我买新衣服时，就会很不高兴地说姐姐已经有那么多衣服了。这时，妈妈就会对他说："姐姐是女孩子嘛。"

现在，我和弟弟都长大工作了，我们也常常到外地去出差，每到一个地方，我们也总是像小时候父母给我们买礼物一样，给父母买一些礼物。一般都是当地有名的好吃的东西，或者是一些漂亮的工艺品(gōngyìpǐn handicraft wares)。想到回来以后，爸爸妈妈说"真好吃""真好看"的样子，心里就很高兴。

读后回答问题　Answer the questions according to the passage

1. 小时候，"我"为什么喜欢爸爸妈妈去出差？
2. 爸爸妈妈买的礼物是什么？
3. 弟弟为什么不高兴？
4. "我"和弟弟现在还在上学吗？
5. "我"和弟弟什么时候给父母买礼物？为什么？
6. 你现在常给父母买礼物吗？

（十二）描写汉字　Trace the characters

堆	一	十	土	圤	圵	圹	坩	堆
	堆	堆						
盒	丿	人	人	个	合	合	含	盒
	盒	盒						
脾	丿	刀	月	月	月'	肝	肝	胛
	脾	脾	脾					
哈	一	口	口	叶	哈	哈	哈	哈
赶	一	十	土	丰	丰	走	走	走
	赶							
装	丶	二	丬	爿	壮	壮	壮	装
	装	装	装					
扔	一	十	扌	扔	扔			
猜	丿	犭	犭	犭	犴	猜	猜	猜
	猜	猜						
奋	一	大	大	木	奋	奋	奋	奋
嗯	一	口	口	叫	叫	呵	呵	呵
	嗯	嗯	嗯	嗯				

指	一	十	扌	扩	扩	指	指	指
甜	丿	二	千	舌	舌	舌	甜	甜
	甜	甜						
替	一	二	夫	夫	扶	扶	扶	扶
	替	替	替					
界	丨	冂	日	田	田	甲	界	界
织	ㄥ	纟	纟	纟	纫	织	织	织

文化小贴士　Proverbs

冰冻三尺，非一日之寒。

Bīng dòng sān chǐ, fēi yí rì zhī hán.

Thick ice is not formed by one cold day.

本课听说生词

New words in listening exercises

冠军　干杯　处理　候车室　牙膏　牙　效果　滑雪
脸　店　采访　改　讨厌　新鲜　害怕　预报　薄　平
久　乒乓球　了不起　气温　降　平均　冰　化

149

第三十课 复习(六)
Lesson 30　Review 6

一、课文　Text

考完了试，寒假就开始了。一月二十五日，我坐飞机从南京回到了家乡首尔。又一次站在家门口，我十分激动，离开家都一年了，爸爸妈妈会有变化吗？我放下箱子，敲了敲门，门开了，是妈妈。妈妈一看见我，就高兴得流下了眼泪，紧紧地抱住了我。妈妈比以前老了一些，肯定是太想念我了。没过多久，爸爸下班回家了。爸爸还跟以前一样，没有多少变化。虽然他脸上没有太多表情，但我知道他心里很高兴。晚上妈妈做了很多菜，都是我爱吃的。可能因为一家人好久没有坐在一起吃饭了，我觉得那是我一生中最幸福的一顿饭。

在中国生活了一年，我回到韩国都有些不适应了。朋友们听说我回国了，都给我打电话，约我一起吃饭、喝酒、聊天。他们问我，在中国过得怎么样。我告诉他们，我在中国生活得很好，学校的风景非常美丽，老师们上课很认真。跟别的国家的同学交流的机会也很多，大家经常一起聊天，谈自己国家的文化、风俗、习惯，所以同学们的友谊也很深。现在中国经济发展得很快，而且以后会越来越快。朋友们有些怀疑："真的吗？""当然是真的！"

过完春节，我就回中国了。爸爸妈妈送我到机场，妈妈又哭了，她担心我不会照顾自己。其实，他们不需要担心，学校的老师关心我，同学们也会帮助我，让我感觉到跟家里一样的温暖。

根据《留学随园》第18期《回家过年》改编

作者 李根亨

二、生词 New Words

1. 寒假	n.	hánjià	winter vacation		甲
2. 家乡	n.	jiāxiāng	hometown		乙
3. 站	v.	zhàn	stand		甲
4. 十分	adv.	shífēn	very, fully, extremely		甲
5. 激动	adj.	jīdòng	excited, agitated		乙
6. 紧	adj.	jǐn	tight, close		甲
7. 抱	v.	bào	hold or carry in the arms		甲
8. 流	v.	liú	flow; drift, wander, move		甲
9. 眼泪	n.	yǎnlèi	tear		乙
10. 肯定	v., adv.	kěndìng	affirm, approve, definite, sure		乙
11. 想念	v.	xiǎngniàn	remember with longing, miss		乙
12. 表情	n.	biǎoqíng	(facial) expression		丙
13. 心	n.	xīn	heart; mind		甲
14. 一生	n.	yìshēng	all one's life, throughout one's life		乙
15. 顿	m.(n.)	dùn	*a measure word for meals, conversation etc.*		甲

16. 适应	v.	shìyìng	suit, adapt to, adjust to	乙
17. 美丽	adj.	měilì	beautiful, beautifulness	乙
18. 友谊	n.	yǒuyì	friendship, companionship	甲
19. 怀疑	v.	huáiyí	doubt, suspect, suspicion	丙
20. 机场	n.	jīchǎng	airport, airfield	甲
21. 其实	adv.	qíshí	as a matter of fact, in fact	丙
22. 温暖	adj.	wēnnuǎn	warm, comfortably warm	乙

▶ 专名 Proper Nouns

1. 首尔	Shǒu'ěr	Seoul
2. 春节	Chūn Jié	Spring Festival

本课新字 New Characters

三、注释 Notes

（一）离开家都一年了 **One year has already passed since I left home**

"都……了"这个结构表示"已经……了"。中间可以是动词，也可以是名词。如：

The structure "都……了" implies the meaning of "已经……了"(have already done / been), the words in-between can be nouns as well as verbs. For example:

（1）他都三十岁了。

（2）他来的时候，我都睡着了。

（3）几年没来，我都不知道怎么走了。

（二）紧紧抱住了我　Hold me tightly

"住"做结果补语，表示动作牢固、稳固，如：记住、抱住，等等。也可以表示动作的停止，如：停住、站住，等等。

The word 住 is a result complement. It implies the meaning of fasty and steady, such as 记住 (memorize)，抱住 (hold with one's arms), etc. It can also mean the cease of action, such as 停住 (stop), 站住 (stand), etc.

（三）其实，他们不用担心　In fact, they needn't worry

"其实"，副词，表示所说的情况是实际情况，有转折意味。如:

The word 其实 is an adverb, and means what is said is a fact, indicating a turn. For example:

（1）大家都觉得北京的冬天很冷，其实也不是很冷。

（2）这种空调就是样子漂亮，其实质量很差。

四、练习　Exercises

（一）根据课文内容回答问题　Answer the questions according to the text

1. 寒假大概是什么时候开始的?

2. "我"的家乡在哪里?

3. 妈妈有什么变化? 她为什么流泪?

4. 为什么"我"觉得那是"我"一生中最幸福的一顿饭?

5. "我"在中国的留学生活怎么样?

6. 妈妈送"我"来中国的时候为什么又哭了?

7. 为什么"我"说妈妈不需要担心?

第三十课　复习（六）

（二）填写适当的量词　Fill in the blanks with proper measure words

一＿＿合影　　一＿＿时间　　一＿＿鞋子　　一＿＿围巾

三＿＿房子　　一＿＿礼物　　两＿＿腿　　　一＿＿包裹

五＿＿表　　　两＿＿钢琴　　两＿＿空调　　一＿＿嘴

四＿＿桥　　　一＿＿点心　　两＿＿零件　　三＿＿饭

（三）多项选词填空
Choose the right words to fill in the blanks（multiple choice）

少得多	快得多	便宜得多	大得多	冷得多
小多了	热闹多了	多多了	高多了	认真多了
慢一点儿	瘦一点儿	贵一点儿	方便一点儿	暖和一点儿
还麻烦	小三岁	更仔细	贵一毛钱	高二十米

1. 苹果比西瓜＿＿＿＿＿＿。
2. 同屋比我＿＿＿＿＿＿。
3. 打电话比写信＿＿＿＿＿＿。
4. 这里的冬天比我的家乡＿＿＿＿＿＿。
5. 他吃得比我＿＿＿＿＿＿。
6. 物理楼比化学楼＿＿＿＿＿＿。
7. 租房子比住宿舍＿＿＿＿＿＿。
8. 学校比家里＿＿＿＿＿＿。

（四）选词填空　Fill in the blanks

| 十分　其实　怀疑　必须　适应　激动　怕　水平 |

1. 你不要＿＿＿＿，我说的都是真的。
2. 他是你的老板，你＿＿＿＿听他的。

3. 我小时候学了三年钢琴，不过_____不怎么样。
4. 看样子他一点儿也不紧张，_____他紧张极了。
5. 等了好久他还没来，我心里_____着急。
6. 每个人都要学会_____环境。
7. 我_____妈妈担心，一到宾馆就给她打了一个电话。
8. 第二天就要去旅行了，他_____得一晚上没睡着。

> 如果……就……　　不但……而且……　　跟……一样……
> 快要……了　　　　一……就……

1. 小明_____非常聪明，_____学习也很努力。
2. 你_____现在不着急用，我_____明天送到你家里。
3. 我_____放假_____回家了，开学前一天才回来。
4. 火车票_____卖完_____，你要买的话快点儿去吧。
5. 那儿的风景_____我家乡的_____美丽。

（五）连词成句　**Make up sentences with the words given**

例句： 他　了　买　两个　面包
他买了两个面包。

1. 开　就　马上　要　了　火车

_____

2. 他家　我家　远　还　一点儿　比

_____

3. 图书馆　借　他　从　了　书　那本　来

_____

4. 晚会　昨天　全　同学们　的　参加　都　了

_____

5. 她　　眼睛　　妈妈　　跟　　一样　　漂亮　　的

　　_____

(六) 把括号里的词填入适当的位置
Put the words in the parentheses at the proper position

1. 他 A 写得 B 比我 C 快 D。　　　　　　　　　　(一点儿)
2. 我平时 A 喜欢 B 打篮球 C、游泳、爬山 D。　　(什么的)
3. 今年的晚会 A 没有 B 去年 C 热闹 D。　　　　　(那么)
4. 她 A 来的时候，我 B 要 C 给她 D 打电话。　　　(正好)
5. 现在的学生 A 比 B 十年前 C 多了 D。　　　　　(十倍)
6. 你 A 先 B 休息休息，然后 C 告诉 D 我。　　　　(慢慢)
7. 他敲 A 敲 B 门 C，可是没有人回答 D。　　　　　(了)
8. 我 A 提前 B 给他打了一个 C 电话 D。　　　　　(半个小时)

(七) 综合填空 **Fill in each of the blanks with a proper word**

　　王明的弟弟_____王清，今年6岁_____。昨天妈妈带他去学_____上学了。老师_____他的本子上写_____一个"人"字，他学会了。第二天，他_____来到了学校，老师在黑板_____写了一个很大的"人"字，他不认识_____。老师说："这_____　_____'人'字吗？你怎么忘了？"王清说："这个人_____昨天那个大多了，我不认识他。"

(八) 改错句 **Correct the following sentences**

1. 火车比飞机不快。
2. 小王等了三个小时你了。
3. 你的作业做完没完？
4. 爸爸比妈妈身体一样好。
5. 他上个月回来中国。

6. 丁荣买了一个真漂亮的钱包。

7. 再过一个星期快要到新年了。

8. 这条裤子比那条20块钱贵。

9. 他一说话,就我生气。

10. 他们的婚礼很热热闹闹。

(九) 阅读理解 Reading comprehension

很久以前有两个人,一个叫田忌 (Tián Jì),一个是齐王 (Qí Wáng)。他们俩都有很多马,所以常常比赛看谁的马跑得快。马一般分成三种:上马、中马、下马。上马跑得最快,下马最差。田忌的每种马都比齐王的跑得慢,所以田忌输了很多次了,他很不高兴。

田忌的一个朋友孙膑 (Sūn Bìn) 对他说:"齐王的马不比你的快多少,我有办法让你赢!"

比赛的时间又到了。第一场,孙膑让田忌的下马和齐王的上马比赛,结果当然是田忌的马输了。田忌更不高兴了,孙膑笑了笑,对他说:"你别着急,再看看吧。"第二场,孙膑让田忌的上马和齐王的中马比赛,田忌的马赢了。第三场,田忌的中马和齐王的下马比赛,田忌又赢了!三场里田忌赢了两场,田忌赢了这次比赛,他终于开心地笑了。

读后判断正误 Judge the following true or false according to the passage

1. 田忌和齐王常常比赛谁跑得快。   ( )

2. 田忌的上马没有齐王的上马跑得快。   ( )

3. 孙膑觉得田忌的马比齐王的快很多。   ( )

4. 第一场比赛齐王的上马赢了田忌的上马。   ( )

5. 第二场比赛田忌的上马赢了齐王的下马。   ( )

6. 因为田忌的每种马都比齐王的好,所以他赢了这次比赛。 ( )

文化小贴士　Proverbs

只要功夫深，铁杵磨成针。

Zhǐyào gōngfu shēn, tiěchǔ móchéng zhēn.

Constant grinding can turn an iron rod into a needle.

本课听说生词

New words in listening exercises

尖　调查　以上　吸烟　洗发水　号　大号　中号
部　完成　堵　堵车　法律　医学　骗子　留
汇款　行李　停车场　导游　打扰　一路顺风

第三十一课　我以前没有来过中国

Lesson 31　I have never been in China before

语法项目 Grammar：

1. 经历和经验的表达：动词+过

   我去过北京。

2. 疑问代词表任指（1）：谁、哪儿

   我谁也不认识。

   我哪儿都想去看看。

3. 主谓谓语句（2）：

   汉语我不会说。

4. 动量补语：

   我只得过一次感冒。

重点词语 Key Words：

1. 作为：

   去年作为交换留学生来中国学习汉语。

2. ……迷：

   李明爱是一个电影迷。

功能项目 Activities：

谈论经历

第三十一课　我以前没有来过中国

一、课文 Text

(一) 我还用汉语表演过节目呢

　　我是法国人，叫保罗，去年作为交换留学生来中国学习汉语。我以前没有来过中国，但中国的历史和传统文化我都很感兴趣。刚来时，我谁也不认识，汉语也不会说，生活也不太习惯，不过，我不感到难过。因为老师和遇到的中国人都很热情地帮助我，所以，我很快就适应了。我的汉语进步得也很快，老师经常表扬我。在新年晚会上，我还用汉语表演过节目呢，大家都说演得很精彩。我们班的同学虽然来自不同的国家，但大家互相关心，互相帮助。我也交了不少中国朋友，去他们家玩过几回。中国很大，我哪儿都想去看看。所以，放暑假时，常常跟朋友一起出去旅行。我去过北京、西安和上海，黄山还没有去过，听说那儿风景很优美，我准备利用明年的

"五·一"节,和我的同屋一起去。我来中国已经快一年了,身体很好,只得过一次感冒。以前我没吃过中餐,也不会用筷子。现在我已经很爱吃中餐了,筷子也用得比较熟练了。我觉得自己越来越喜欢中国了。

(二)这部电影她已经看过两遍了

李明爱和丁荣非常喜欢晚饭后在校园里散步。傍晚的校园又安静又美丽,她们一边散步,一边聊天。今天她们在一起聊什么了呢?李明爱是一个电影迷,在韩国时,哪儿放新电影,她都要去看。她问丁荣看没看过中国电影。丁荣说自己来中国才几个月,担心看不懂,所以至今没有看过中国电影。李明爱告诉她现在的电影都有字幕,看看字幕,再看看演员的表演,大概的意思就知道了。李明爱宿舍里有《我的父亲母亲》的DVD。这是一部描写爱情的电影，李明爱很喜欢这个故事，她已经看过两遍了。她让丁荣抽空儿也看看。两个人又走了一会儿，就回宿舍了，因为今天的作业她们还没有做完呢。

二、生词 New Words

1. 过	part.	guò	an aspect particle	甲
2. 表演	v.	biǎoyǎn	perform	甲
3. 节目	n.	jiémù	programme	甲
4. 作为	prep.	zuòwéi	as	乙
5. 交换	v.	jiāohuàn	exchange	乙
6. 传统	n.	chuántǒng	tradition	乙
7. 遇到	v. (c.)	yùdào	come across, run into	甲
8. 表扬	v.	biǎoyáng	praise	甲
9. 精彩	adj.	jīngcǎi	brilliant, splendid	甲
10. 自	prep.	zì	from	乙
11. 不同	adj.	bùtóng	different, distinct	甲
12. 回	m. (n.)	huí	a measure word	甲
13. 暑假	n.	shǔjià	summer vacation	乙
14. 优美	adj.	yōuměi	graceful, beautiful	乙
15. 利用	v.	lìyòng	use, make use of	甲

163

16. 明年	n.	míngnián	next year	甲
17. 中餐	n.	zhōngcān	Chinese food	乙
18. 遍	m.(n.)	biàn	*time (a quantifier)*	甲
19. 后	n.	hòu	back, behind	甲
20. 校园	n.	xiàoyuán	campus	丙
21. ……迷	b.f.	…mí	a fan of	
22. 至今	adv.	zhìjīn	until now	乙
23. 场	m.(n.)	chǎng	*a measure word*	甲
24. 字幕	n.	zìmù	caption	
25. 演员	n.	yǎnyuán	actor, actress	乙
26. 描写	v.	miáoxiě	describe, represent	乙
27. 爱情	n.	àiqíng	love	乙
28. 故事	n.	gùshi	story	甲
29. 抽	v.	chōu	take out from in-between	甲

▶ 专名 Proper Nouns

保罗	Bǎoluó	name of a person

本课新字 New Characters

三、注释 Notes

(一) "五·一"节　May Day, Labour Day

全称是"五一国际劳动节","五·一"指的是五月一日。

The full name is International Labour Day. The expression "五·一" means May 1st.

(二) 看不懂　Cannot understand

"不懂"是动词"看"的可能补语。"看不懂"是"看得懂"的否定式。

The phrase 不懂 is the possible complement of the verb 看 (see, read). 看不懂 is the negative form of the expression 看得懂.

(三)《我的父亲母亲》 "My Father and Mother"

1999年由张艺谋导演,章子怡主演的一部电影。

It is a film directed by Zhang Yimou in 1999, with Zhang Ziyi acting the leading role.

四、语法 Grammar

(一) 经历和经验的表达:动词+过

Expression of experiences: Verb +过

动态助词"过"用在动词后面,表示事情发生在过去。说明过去有过某种经历。

Dynamic auxiliary 过 is used after a verb, implying that something happened before. It means somebody had a certain kind of experience.

肯定式　Affirmative form:

	主语 Subject	+ 动词 + Verb	+ 过 + 过	+ 宾语 + Object
（1）	我	去	过	北京和上海。
（2）以前	他	学	过	汉语。

否定式　Negative form:

	主语 Subject	+ 没(有) + not	+ 动词 + Verb	+ 过 + 过	+ 宾语 + Object
（1）	我	没	看	过	中国电影。
（2）	他	没	打	过	太极拳。

疑问句式　Interrogative form:

	主语 Subject	+ 动词 + Verb	+ 过 + 过	+ 宾语 + Object	+ 吗/没有 + 吗/没有
（1）	你	去	过	黄山	吗？
（2）	你	吃	过	北京烤鸭	没有？

主语 Subject	+ 动词 + Verb	+ 没(有) + 没(有)	+ 动词 + Verb	+ 过 + 过	+ 宾语 + Object
你	看	没	看	过	京剧？

比较:"了"和"过" Comparision between 了 and 过

	动词 + 了 (Verb + 了)	动词 + 过 (Verb + 过)
语法意义 Grammar meaning	1. 表示完成了某件事。可用于过去,也可用于现在和将来。如: To mean something was fulfilled at a certain past time. It can occur in the past, present or future. For example: ① 昨天我买了一件衣服。 ② 今天下了课我就去找你。 ③ 明天我看完了还给你。 2. 表示的动作可能延续到现在。如: To mean that the action may be continued. For example: ① 这本书我们学了一半了。(还在学) ② 他去上海了。(现在在上海)	1. 表示在过去有过某种经历和经验。句中只能用表示过去的时间词。如: To mean that one had some kind of experiences. Only past time words or phrases can be used. For example: ① 去年我来过中国。 ② 这本小说我以前看过一遍。 2. 表示的动作不延续到现在。如: To mean that the action is not continuous. For example: ① 这本书我们学过了。(不学了) ② 他去过上海。(现在不在上海)
否定式 Negative	昨天我没买衣服。(不用"了")	这本小说我没看过。(有"过")
动词重叠 Reduplication	看了看、听了听。	——

(二) 疑问代词表任指(1):谁、哪儿

Interrogative pronouns implying random indications(1): who, where

疑问代词"谁"、"哪儿"除了表示疑问,还可以在陈述句中指任何一个人、任意一个地方等,这就是疑问代词表示任指。如:"谁也不认识"中的"谁"表示任指,意义为"所有的人";"哪儿都想去"中"哪儿"也表示任指,意义为"所有地方"。疑问代词表任指时后面往往加"都"、"也",肯定式中多用"都",否定式中多用"也"。

Besides meaning a question, the interrogative pronouns 谁(who) 哪儿(where) can aslo indicate any person or place in a statement, which is called random indication of interrogative pronouns. The word 谁 (anyone) in the sentence "谁也不认识" is a random indication, meaning all the people; the phrase 哪儿 (anywhere) in the sentence "哪儿都想去" is also a random indication, meaning all the places. When the interrogative pronouns imply random indications, the adverbs 都 and 也 are often used behind. The word 都 (all) is mostly used in an affirmative statement while 也 (either) is mostly used in a negative one.

肯定式结构　Affirmative structure:

> 谁(who) / 哪儿(where) + 都 (all)

（1）这个机会非常好，谁都想去。（任何人）
（2）我们班谁都喜欢她。（所有同学）
（3）他对人很热情，哪儿都有他的朋友。（任何地方）
（4）小孩子去哪儿都很高兴。（任何地方）

否定式结构　Negative structure:

> 谁(who) / 哪儿(where) + 都 (all) / 也 (either) + 不 / 没

（1）我第一次来北京，谁都不认识。（任何人）
（2）这种活动，谁都没有兴趣。（任何人）
（3）他哪儿也没去，一直在宿舍里。（任何地方）
（4）我太累了，哪儿也不想去。（任何地方）

（三）主谓谓语句（2）　Sentence of "Subject-predicate Predicate" (2)

主谓谓语句的格式为："名词₁ + 名词₂ + 动词"。句中的大主语（名词₁）常常是句中动词意念上的受事。如：

　　It means that a subject-predicate phrase is used as the predicate, which explains, values or describes the sentence subject. The form of a subject-predicate predicate is "Noun$_1$ + Noun$_2$ + Verb", in which the main subject (Noun$_1$) is usually the patient of the verb.

（1）他的包我没看见。

（2）今天的作业她们都还没有做完。

（3）昨天的足球赛你看了吗？

（四）动量补语　**Action-measure complement**

动量补语表示动作行为进行的数量，基本格式为：数词+动量词（次、遍、回、下等）。有动态助词"过"和"了"时，结构为：

Action-measure complement implies the happening times of an verb action, which is formed by "number + the action-measure word (such as 次，遍，回，下 and so on)".In patterns with dynamic auxiliary word 过 and 了, the following structure is used:

主语　+	动词+过/了+	动量补语	+ 宾语
Subject +	Verb 过/了 +	Action-measure complement +	Object
（1）弟弟	只　住	过　　一次	医院。
（2）我	敲	了　　一下	他的门。

动词的宾语是事物名词时，结构为"动量补语 + 宾语"。如：

When the object of the verb is a noun of something, the structure is "action-measure complement + object". For example:

（1）他看过两次中国电影。

（2）昨天我听了一遍课文录音。

动词的宾语是人称代词时，结构为"宾语 + 动量补语"。如：

When the object of the verb is a prersonal pronoun, the structure is "object+ action-measure complement". For example:

（1）我找过他三次了，他都不在。

（2）弟弟打了我一下。

人名、地名做宾语时，动量补语则可前可后。如：

When a name of a person or a place is used as an object, it can be placed either before or after the action-measure complement. For example:

（1）妈妈来过一次中国。/ 妈妈来过中国一次。

（2）我们去医院看过安德两次。/ 我们去医院看过两次安德。

比较 Comparision：

动量词 Action-measuring Word	说　明 Explanation	例　句 Examples
次	用于可以重复的动作，只表示动作的数量。可用于书面语和口语。 It is used to modify the actions that can be reduplicated, which only implies the numbers of the actions. It can be used both in written or spoken Chinese.	我去过三次西安。
遍	表示动作从开始到结束的全过程。 It means the whole course of action from the beginning to the end.	这本小说我只看过一遍。
回	指可以重复的动作的次数，一般用于口语。 Usually it is used in spoken Chinese to imply to the times of an action which can be reduplicated.	今天给他打过两回电话。
下	表示动作的次数。与"一"连用，表示动作的时间短，相当于动词重叠。 It implies the times of an action. Together with 一, it refers the short time of the action, just like the reduplication of a verb.	他敲了一下门。

五、重点词语 Key Words

（一）作为 as

1. [动词] 当做；用来做。必带名词宾语。如：

[v.] It means to act as, to be used as. It must be followed by a noun object. For example:

（1）这张画作为生日礼物送给你。

（2）这个房间就作为办公室吧。

2.［介词］表明人的某种身份或事物的某种性质。必带名词宾语。如：

[prep.] It shows the state of sb. or the nature of sth. It must be followed by a noun object. For example:

（1）我作为一个学生，一定要努力学习。

（2）作为父母，平时要多关心孩子。

（3）作为中国的首都，北京每天要迎接很多来旅游的外国人。

（二）……迷　a fan of

"迷"表示非常喜爱某一事物的人，不能单用，前面必加单音节或双音节名词，如球迷、歌迷、影迷、舞迷等。

The word 迷 means a person who loves sth. very mcuh. It cannot be used alone, but must follow a monosyllable or disyllable noun. For example:

（1）小明的爷爷是一个有名的京剧迷。

（2）我哥哥是一个小说迷，一有时间就看小说。

六、练习　Exercises

（一）朗读短语　Read the following phrases

去过北京	吃过饺子	打过网球	买过衣服
没看过中国电影	没去过中国朋友家		没听过中文歌
读过一遍	听过一遍	来过一次	去过一回
谁都想去	谁也不知道	哪儿都好玩儿	哪儿也没去过
爱唱歌	爱跳舞	电影很精彩	演得很精彩
交换留学生	交换礼物	环境很优美	风景很优美

171

（二）替换练习　Substitutions

1. A：你看过中国电影吗？
   B：看过。

去	西安
踢	足球
喝	中国茶
参观	博物馆

2. A：你吃过饺子没有？
   B：我没吃过。

去	图书馆
买	唱片
得	感冒
学	法语

3. A：你去过几次北京？
   B：我去过一次。

吃	北京烤鸭
听	音乐会
爬	长城
喝	啤酒

4. A：我的书你看见了吗？
   B：没看见。

这个电影	看过
今天的作业	做完
自行车	修好
礼物	买到

（三）根据课文回答问题　Answer the questions according to the text

1. 保罗是哪国人？他来中国做什么？
2. 来中国以前，他学过汉语吗？现在他的汉语怎么样？
3. 他去过中国人的家吗？
4. 明年"五·一"节他打算做什么？

5. 为什么他越来越喜欢中国了？

6. 丁荣为什么没看过中国电影？

7. 李明爱觉得中国电影能看懂吗？为什么？

8. 李明爱的宿舍里有什么DVD？她喜欢吗？

(四) 选词填空 Fill in the blanks

> 遇到　利用　作为　表扬　不同　部　表演　迷

1. 听说那_____电影很好看，我们什么时候去看看？

2. 我_____下课休息的时间，去买了一瓶水。

3. 昨天我在超市买东西时，_____了一个朋友。

4. 她是一个音乐_____，买了很多音乐CD。

5. 他学习很认真，今天老师又_____他了。

6. 我们班二十个同学，来自_____的国家。

7. 昨天我们班的节目_____得怎么样？

8. _____学生我们应该努力学习。

> 次　遍

1. 那本书我已经看过两_____了。

2. 北京我只去过一_____。

3. 做完的同学，请再检查一_____。

4. 去年我爸爸来过一_____中国。

5. 我打了三_____电话，他都不在。

6. 老师，这个汉字怎么写？请再写一_____。

(五) 用"了"或"过"填空 Fill in the blanks with 了 or 过

1. 你在中国学_____多长时间汉语了？

2. 我带你们去吧，我去_____他家。

3. 昨天上听力课时，我听_____一遍就懂了。

4. 我爸爸来_____中国，妈妈没来_____。

5. 天凉了，姐姐给我寄来_____一件毛衣。

6. 我不会打乒乓球，从来没打_____。

（六）连词成句 **Make up sentences with the words given**

1. 去年 我 北京 过 朋友 和 去 了
_____

2. 中国菜 同学 吃 都 我们 喜欢 班 谁
_____

3. 这 课文 已经 我 了 三遍 读 篇 过
_____

4. 没 哪儿 找 书 那 也 到 本
_____

5. 汉语 表演 我 至今 用 节目 过 没
_____

6. 地方 都 风景 喜欢 的 大家 去 优美
_____

（七）把下面的句子改成主谓谓语句

Put the following into "subject-predicate predicate" sentences

1. 谁都不知道那件事。

2. 他没去过北京。

3. 李明爱已经吃完早饭了。

4. 昨天弟弟打扫过房间了。

5. 你看见我的电影票了吗？

6. 我预习完下周的课了。

(八) 根据实际情况回答问题
Answer the questions according to the real situations

1. 你以前来过中国没有？来过几次？
2. 来中国以前你学过汉语没有？学过多长时间？
3. 你看过中国电影没有？看过哪些？
4. 你听过中国音乐吗？唱过中文歌吗？想学吗？
5. 来中国后，你去过哪些地方？还想去哪儿？
6. 你吃过哪些中国菜？最喜欢什么菜？
7. 来中国后你生过病没有？去过几次医院？
8. 来中国前，你去过哪些国家？

(九) 完成会话　**Complete the following dialogues**

1. A：＿＿＿＿＿＿＿＿＿＿＿？

   B：去过了。

   A：＿＿＿＿＿＿＿＿＿＿＿？

   B：医生说是感冒，不要紧。

2. A：你吃过北京烤鸭没有？

   B：＿＿＿＿＿＿＿＿＿＿＿。

   A：好吃不好吃？

   B：＿＿＿＿＿＿＿＿＿＿＿。

3. A：＿＿＿＿＿＿＿＿＿＿＿？

   B：我已经看过两遍了。

   A：＿＿＿＿＿＿＿＿＿＿＿。

   B：对不起，我不想再看了，你们去吧。

4. A：你一直都在学校学习吗？
   B：_____。
   A：工作过几年？
   B：_____。

（十）改错句　Correct the following sentences

1. 他从后面打了我一次。
2. 我以前看了这个电影，这次不想再看了。
3. 从明年开始，我在这个大学学习过专业。
4. 我去过上海，不去过北京。
5. 我每天都复习过课文。
6. 来中国以后，我没有生病过。
7. 这个人我认识，我在学校见过两次他。
8. 我刚来中国，哪儿不认识。

（十一）阅读理解　Reading comprehension

　　我在中国生活快两年了，每次想起刚来北京学汉语的事情，就觉得很有意思。

　　来中国以前，我在自己国家学过六个月的汉语，所以在北京学汉语时，就进了中级班，我们班的同学来自不同的国家，每个人的汉语水平都不一样，和他们相比，我的汉语水平最高。老师在上课时经常表扬我说得很流利。每次听到老师的表扬，我都高兴得像个孩子一样。平时出去买东西，也常有中国人问我："你来中国几年了？""学了多长时间汉语了？"我回答："我来了快两年了，在国内学过六个月。"他们也会说："你的汉语真不错！发音比有的中国人还好。"听了这话，我心里舒服极了，但嘴上却说："哪里，哪里，我说得马马虎虎（mǎmǎhūhū　so so）。"表扬的话听多了，我在学习上真的变得"马马虎虎"了，不复习，也不预习。有一次考试，很多同学都考了八九十分，可是我只考了七十三分，我的脸红了。从那以后，我再也没有骄傲（jiāo'ào conceited）过。

读后判断正误　Judge the following true or false according to the passage

1. "我"在中国生活两年了。　　　　　　（　）
2. 来中国前"我"学过汉语。　　　　　　（　）
3. "我们"班同学的汉语水平比"我"高。（　）
4. "我"自己觉得自己的汉语不错。　　　（　）
5. "我"没考好，是因为题目太难了。　　（　）

（十二）描写汉字　**Trace the characters**

演	丶	冫	氵	氵	氵	氵	氵	氵	氵
	泸	演	演	演	演				
目	丨	冂	冃	目	目				
传	丿	亻	亻	仁	传	传			
统	㇜	㠯	纟	纟	纩	纺	绂	统	
遇	丨	冂	日	日	日	旲	禺	禺	禺
	禺	遇	遇						
扬	一	十	扌	扬	扬	扬			
精	丶	丷	丷	斗	米	米	米	米	米
	精	精	精	精	精				

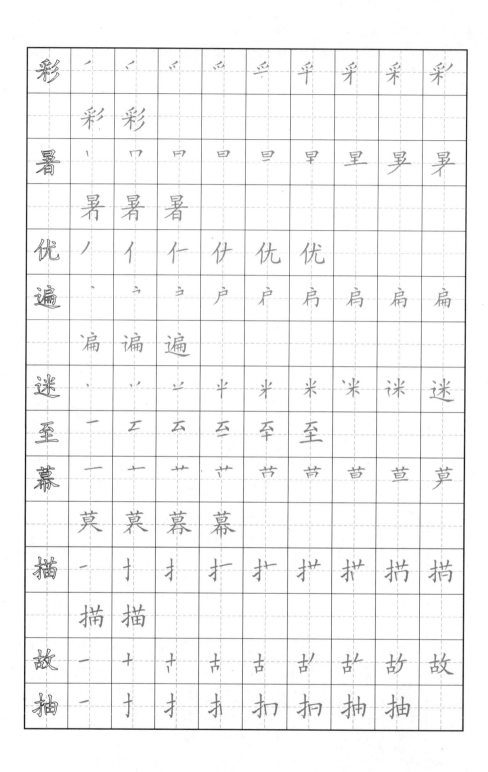

第三十一课　我以前没有来过中国

文化小贴士　Proverbs

锲而不舍，金石可镂。

Qiè ér bù shě, jīn shí kě lòu.

Anything can be done if one insists on doing it.

本课听说生词
New words in listening exercises

擦	黑板	站台	进去	对象	包	电视台	布置
羡慕	停	请客	约会	食物	馆	杯	片子
同意	建议	首	迎	恭喜	加	动作	歌词

第三十二课　衣服都被雨淋湿了

Lesson 32　My clothing was wet in the rain

语法项目 Grammar：

1. 被动句（1）："被"字句

   衣服都被雨淋湿了。

2. 疑问代词表任指（2）：什么、怎么

   什么也没带就去学校了。

   丁荣说怎么去都可以。

3. 越……越……：

   雨越下越大。

4. 结果补语（5）：遍、光

   两个人带的钱也快花光了。

   她们转遍了整个商场。

重点词语 Key Words：

1. 接着：接着，就开始下雨了。

2. 到处：发现那里到处都是人。

3. 其他：回去以后要告诉其他同学。

功能项目 Activities：

谈论事情的经过

第三十二课 衣服都被雨淋湿了

一、课文 Text

(一) 衣服都被雨淋湿了

昨天真倒霉，早上天气很好，但天气预报说有雷雨，妈妈让我带伞或雨衣去学校，可我看不像有雨的样子，所以，吃完早饭后，什么也没带就去学校了。没想到，下午走在回家的路上，天忽然变暗了，接着，就开始下雨了。很多人像我一样，因为没有带伞，衣服都被雨淋湿了。雨越下越大，我躲进一家超市，想借一把"爱心伞"，可伞已经被借光了，我只好冒雨跑回了家。回到家一看，房间的窗户被风吹开了，还好，桌上的书和词典只湿了一点儿。这时，妈妈也下班回来了，因为没听她的话淋了雨，我又被妈妈批评了一顿。妈妈让我马上洗一个热水澡，防止感冒。我边洗边想，天气预报还真准，看来，以后得相信天气预报了。

（二）她们转遍了整个商场

今天是星期六，一周紧张的学习结束了，听说时代商场正在打折，丁荣就约了李明爱一起去那儿买东西。她们原来打算骑自行车去，可是李明爱的车让别人借走了，丁荣说怎么去都可以，她们俩就

决定坐3路车去。来到商场，发现那里到处都是人，挤得很。丁荣让李明爱放好钱包和手机，别叫小偷偷走了。她们在商场里逛了差不多三个钟头，转遍了整个商场，买了很多东西，两个人带的钱也快花光了。虽然有点儿累，丁荣的脚还被踩了一下，但买到了漂亮的衣服和鞋，而且因为打折，还省了不少钱，两个人都很兴奋。李明爱说回去以后要告诉其他同学，这是买东西的好机会。

第三十二课　衣服都被雨淋湿了

二、生词 New Words

1.	被	prep.	bèi	by	甲
2.	淋	v.	lín	pour	丙
3.	湿	adj.	shī	wet	乙
4.	倒霉	adj.	dǎoméi	have bad luck	丙
5.	雷	n.	léi	thunderstorm	乙
6.	雨衣	n.	yǔyī	raincoat	
7.	路上	n.	lùshang	on the road	乙
8.	暗	adj.	àn	dark	乙
9.	接着	v., conj.	jiēzhe	then, after that	甲
10.	躲	v.	duǒ	dodge; hide	乙
11.	花	v.	huā	pay, take, cost	甲
12.	光	adj.	guāng	empty	乙
13.	冒	v.	mào	risk, brave	乙
14.	吹	v.	chuī	blow	甲
15.	批评	v.	pīpíng	criticize	甲
16.	防止	v.	fángzhǐ	prevent	乙
17.	准	adj.	zhǔn	right	乙
18.	看来	conj.	kànlái	seems; appears	乙
19.	转	v.	zhuàn	turn	乙
20.	遍	adj.	biàn	all over	乙
21.	整个	adj.	zhěnggè	all	乙

183

22. 到处	adv.	dàochù	at all places		乙
23. 挤	v., adj.	jǐ	squeeze		甲
24. 偷	v.	tōu	steal		乙
25. 钟头	n.	zhōngtóu	hour		甲
26. 踩	v.	cǎi	stamp		乙
27. 省	v.	shěng	save		乙
28. 其他	pr.	qítā	other, else		乙

▶ 专名　Proper Nouns

| 时代商场 | Shídài Shāngchǎng | Times Shopping Mall |

本课新字　New Characters

被　淋　湿　倒　霉　雷　暗　躲　吹
批　评　防　止　挤　偷　整　踩

三、注释　Notes

(一) 想借一把"爱心伞"　Want to borrow a "kind umbrella"

"爱心伞"是指在超市、银行或公共汽车上放着的方便大家、给人们临时使用的伞。

A "kind umbrella" refers to those umbrellas placed in supermarkets, banks or buses for the convenience of temporary use.

(二) 还好，桌上的书和词典只湿了一点儿。
Not too bad, the books and dictionaries on the desk are only a little wet.

"还好"表示比较幸运，结果没有预料或想象的那么差。

The phrase 还好 means lucky, not as worse as expected.

(三) 看来，以后得相信天气预报了。
Therefore, I ought to believe in the weather forecast from now on.

插入语"看来"，表示对情况的推测、估计。

The parenthesis 看来 implies the guess and estimation to the situation.

四、语法 Grammar

(一) 被动句(1)："被"字句　Passive sentence (1)：被- sentence

"被"字句是指用介词"被"引进动作施事者的一种句式。"被"字句的主语在句首，是动作的受事。"被"多用于书面语，在口语中，常用"让"、"叫"代替"被"。句中的谓语动词不能是一个单个动词，动词后要有补语、动态助词"了"、"过"。结构为：

被- sentence is a kind of sentence pattern in which the agent of the action is introduced by 被 and the subject is the patient of the verb. It is mainly used in the written Chinese. Usually 让 and 叫 is used to replace 被 in oral Chinese. The predicate verb can not be a single verb, instead, it must be followed by a complement and the dynamtic auxilary 了 or 过. The following is the structure of the pattern:

| 主语（受事） | + 被/叫/让 | +宾语（施事） | +动词 | + 其他成分 |
Subject (patient) +	被/叫/让 +	Object (agent) +	Verb +	Other components
（1）自行车	被	小偷	偷	了。
（2）那本小说	让	人	借	走了。
（3）我的钢笔	叫	弟弟	摔	坏了。

不需指明施事者时，"被"可以直接用在动词前，但"让"、"叫"后面必须出现施事者。如：

If the agent is unnecessary to be pointed out, 被 can be used directly before the verb, but 让 and 叫 must be followed by the agent. For example：

（1）他被撞倒了。

（2）我的磁带让小王借去了。（*我的磁带让借去了。）

（3）杯子叫弟弟打破了。（*杯子叫打破了。）

如果有否定副词或能愿动词，都要放在"被（叫、让）"的前面。如：

If there are negative adverbs or modal verbs, they are placed before 被，叫 and 让. For example：

（1）他的衣服没有被弄破。

（2）桌上的鱼不要让猫吃了。

（二）疑问代词表任指（2）：什么、怎么

Interrogative pronouns implying random indications (2): what, how

上一课我们学习了疑问代词"谁"、"哪儿"表任指的用法。同样"什么"和"怎么"也可以表示任指，意思分别是"所有东西"、"任何方式"。

We studied the random indications of interrogative pronouns 谁 (who) and 哪儿 (where). Similarly, 什么 (what) and 怎么 (how) can also imply random indication, meaning everything and in anyway respectively.

肯定式结构　Affirmative structure：

什么(what) / 怎么(how) + 都 (all)

（1）你什么时候给我打电话都可以。（任何时间）

（2）什么问题都可以问。（任何问题）

（3）这个字有两个读音，你怎么念都行。（任何方法）

（4）怎么办都行，听你的。（任何方式）

否定式结构　Negative structure:

> 什么(what) / 怎么(how) + 都 (all) / 也(either) + 不 / 没

（1）你别问他，他什么都不知道。（任何事情）

（2）对不起，我什么歌都不会唱。（任何歌）

（3）这个汉字我怎么也写不好。（任何方法）

（4）我怎么说他都不听，真没办法。（任何方法）

（三）越……越……　the more... the more...

表示程度随着情况的发展而加深。格式为："越 A 越 B"，A、B 为动词或者形容词，表示在程度上 B 随 A 的变化而变化，有下面两种情况：

It implies that the degree become further with the development of situation. The form is 越 A 越 B. A and B are verbs or adjectives, meaning that in the way of degree, B changes with the change of A. It includes the following two situations:

1. A 和 B 的主语相同。如：

A and B have the same subject. For example:

（1）汉语越学越有意思。

（2）他越唱越高兴。

2. A 和 B 的主语不同。如：

The subject of A is different from that of B. For example:

(1)他越说,我们越不懂。

(2)天气越冷,生病的人越多。

注意:"越……越……"已有程度很高的意思,所以第二个"越"字后面的动词、形容词前不能有程度副词。

Notes: The structure 越……越…… means the something develops to a very high degree, so the verbs or adjectives after the second 越 cannot be modified by degree adverbs.

(四) 结果补语(5):"遍、光" Result complement (5): 遍,光

1."遍"表示动作的范围,所有、全面的意思。如:

It implies the range of the action, meaning all and complete. For example:

(1)他汉语比赛得了第一名的消息,传遍了整个学院。

(2)学校的几个图书馆都找遍了,也没有找到那本书。

2."光"表示通过动作使某事物完全没有了。如:

It means that after the happening of the verb action, something disappeared completely. For example:

(1)饺子太好吃了,我们都吃光了。

(2)这个月的钱我全花光了,怎么办呢?

五、重点词语 Key Words

(一) 接着 then, after that

1.[连词]连接句子。表示在某一动作或情况之后,很快又发生另一动作或情况。常与"又"、"就"等一起使用,"接着"的后面常有停顿。如:

[conj.] It is used to connect two sentences, indicating that after one action or situation, another one takes place immediately. It is often used together with 又 (again) and 就 (at once) and so on. There is usually a pause after the conjunction 接着. For example:

（1）他吃了一碗饭，接着，又吃了一碗。

（2）哥哥去年大学毕业了，接着，就去国外留学了。

（3）她喝了一口水，接着，给大家唱了一支歌。

2.［动词］连着前面说的话，紧跟着前面的动作。必带动词宾语。如：

[v.] It follows what was said or done previously. It must be followed by an object. For example:

（1）波伟读完了，安达接着读。

（2）老师喝了一口水，又接着讲课。

（3）我先休息一会儿再接着写。

（二）到处　at all places

［副词］表示动作、行为、状态或事物所涉及的全部范围。放在动词前，做状语。

[adv.] It indicates the whole scope related to an action, performance, state or something. It is used as an adverbial before a verb.

1. 表示相同的情况在各个地方都存在，后面常加"都"。如：

It indicates that the same situation exists everywhere. It is usually followed by 都 (all). For example:

（1）大雨下过以后，到处都是水。

（2）这几天太累了，身上到处都疼。

（3）他去哪儿了？我到处都没找到。

2. 表示某人进行某种活动所遍及的各个地方。后面一般不加"都"。如：

It indicates that somebody does something everywhere. Usually it is not followed by 都（all）. For example:

（1）孩子病了，妈妈到处求医问药。

（2）吃过晚饭后，他喜欢到处走走。

（3）有人在旅行时，到处写自己的名字。

注意：表示各个方面时，不能用"到处"。如：

Notes: To express every aspects, the phrase 到处 cannot be used. For example:

（1）老师处处关心学生。（*老师到处关心学生。）

（2）我处处都应该向他学习。（*我到处都应该向他学习。）

（三）其他　other，else

[代词] 指一定范围以外的别的人或事物。

[pron.] It indicates sb. or sth. else besides what is certain.

1. 在句中做定语。如：

It acts as an attributive in a sentence. For example:

（1）你先吃饭，其他的事等一会儿再说。

（2）丁荣跳舞，其他同学唱歌。

（3）请问，你还有其他事吗？我们马上要下班了。

2. 在句中做主语、宾语。如：

It acts as a subject or an object. For example:

（1）这两本是我的，其他都是别人的。

（2）我只会说汉语，其他都不会。

（3）先做作业，有时间再做其他。

注意：如果用于事物，可以写作"其它"。

Notes: When it refers to something, it can be written as 其它。

第三十二课　衣服都被雨淋湿了

六、练习 Exercises

（一）朗读短语　Read the following phrases

走遍世界	游遍中国	人走光了	钱花光了
被车撞了	被雨淋湿了	被老师批评了	被小偷偷了
叫人拿走了	叫他弄坏了	让我摔破了	让别人踩了
越学越好	越跳越高兴	越长越高	越游越快
到处有朋友	到处都漂亮	其他同学	其他国家
差不多写完了	差不多一年了	差不多卖光了	
像中国人一样	像哥哥一样	像夏天一样	

（二）替换练习　Substitutions

1. 我的衣服被雨淋湿了。

碗	妹妹	打破
自行车	朋友	借走
钱包	小偷	偷走
说明书	顾客	拿光

2. A：你想去哪儿？
   B：哪儿都行。

喝什么茶	什么（茶）
做什么工作	（做）什么
问哪位老师	（问）哪位
和谁一起去	和谁（去）
怎么剪	怎么（剪）

3. 今天的雨越下越大。

这个孩子	长	漂亮
他	跑	快
波伟的汉字	写	漂亮
中国菜	吃	喜欢

4. A：听说你的钱包让小偷偷走了？
   B：没有。（没有让小偷偷走。）

书	雨	淋湿
眼镜	波伟	摔破
腿	汽车	撞伤
钱	弟弟	用光

（三）根据课文回答问题　Answer the questions according to the text

1. 今天天气预报是怎么说的？
2. "我"为什么没带伞？
3. 今天什么时候开始下雨的？
4. "我"为什么被妈妈批评了？
5. "我"现在怎么想？
6. 李明爱和丁荣为什么坐车去人民商场？
7. 商场里人多吗？为什么？
8. 李明爱她们逛了多长时间？买了什么？

（四）选词填空　Fill in the blanks

看来　准　批评　其他　接着　遍　到处　冒　倒霉　没想到

1. ＿＿＿＿＿人都到了，但小王还没来。
2. 昨天我没带伞，＿＿＿＿＿着大雨跑回了家。
3. 现在已经十点了，＿＿＿＿＿他今天不会来了。
4. 中国很大，人很多，＿＿＿＿＿都能看见骑自行车的人。

5. 他才学了三个月汉语，_____说得那么好。

6. 我找_____了图书馆也没有看见波伟。

7. 今天真_____，钱包被偷了。

8. 我觉得自己的汉语发音还不太_____。

9. 我们学习完了生词，_____，就开始学课文。

10. 爸爸经常_____弟弟学习不认真。

（五）用"越来越……"或"越……越……"完成句子

Complete the following sentences with "越来越…… (more and more...) or "越……越……" (the more... the more...)"

1. 城市变得_____漂亮了。

2. 他学习很努力，汉语说得_____好。

3. 今天是他的生日，大家在一起唱歌，_____高兴。

4. 这件衣服我_____喜欢，虽然有点儿贵，还是买了。

5. 我发现自己_____爱吃中国菜了。

6. 别着急，汉字要多写，就会_____好。

7. 已经是夏天了，天气_____热，要注意身体。

8. 丁荣在说昨天逛商场的事情，她_____兴奋。

（六）用疑问代词改写句子

Rewrite the following sentences with interrogative pronouns

例句： 这儿的人都认识他。

这儿谁都认识他。

1. 我只想在家休息，不想去别的地方。

_____

2. 妹妹今天不舒服，一点儿东西都不想吃。

_____

3. 大家都知道杭州的风景很美。

4. 我每次去他家,他都在认真学习。

5. 老师说从学校到博物馆,可以走路去,也可以坐公共汽车,或者打的。

(七) 用"被"、"叫"、"让"改写下面的句子

Rewrite the following sentences with 被,叫 or 让

1. 弟弟一个人吃了三块蛋糕。

2. 波伟借走了我的自行车。

3. 雨水淋湿了我的衣服。

4. 小偷偷走了妈妈的钱包。

5. 今天老师批评我了。

(八) 改错句　**Correct the following sentences**

1. 他的磁带被借了。

2. 我的自行车让小偷没有偷走。

3. 他越说越很高兴。

4. 雨被衣服湿了。

5. 我的自行车叫骑到学校去了。

6. 衣服被拿房间了。

7. 风太大了,请关了窗户吧。

8. 我的笔被别人坏了。

（九）选用下面的词语（至少 8–10 个）写一段话：不少于 200 字
Choose at least 8–10 words to write a passage with over 200 characters

倒霉	批评	路上	淋	看来	躲	花	接着 准
偷	整个	省	其他	到处	越……越……	挤	光

（十）阅读理解　Reading comprehension

在中国，有一辆自行车非常方便。骑自行车，去什么地方都可以。可是不能骑得太快，那样容易发生交通（jiāotōng traffic）事故（shìgù accident）。

昨天下午我骑车去看一个朋友，骑到一个十字路口，遇到了红灯，我停下车，等绿灯。这时，一个戴眼镜的男孩从后边骑过来，他骑得很快，到了十字路口，看见红灯也不停车，还继续往前骑。突然，从左边开过来一辆汽车，这个男孩被车撞了，从自行车上摔了下来，手摔破了，眼镜也摔碎了，旁边的人赶快帮他扶起自行车，汽车司机也下车来看他，见他伤得不重，大家才放心了。

发生交通事故有很多原因，但不遵守（zūnshǒu keep to）交通规则（guīzé rule）是一个主要原因。这起交通事故就是因为那个男孩看见红灯不停车造成（zàochéng make）的。所以，为了自己和他人的安全，一定要遵守交通规则。骑自行车时，要在慢车道上骑，不要骑得太快，看见红灯要停车，等绿灯亮了再骑。

读后判断正误　Judge the following true or false according to the passage

1. 在中国每个人都有一辆自行车。　　（　）
2. 昨天我开车去看一个朋友。　　（　）
3. 有一辆车撞了那个男孩。　　（　）
4. 那个男孩的手和脚都摔破了。　　（　）
5. 那个男孩没有遵守交通规则。　　（　）
6. 骑自行车出去时，要慢慢骑。　　（　）

（十一）描写汉字　Trace the characters

第三十二课　衣服都被雨淋湿了

吹	丿	口	口	叶	吩	吩	吹		
批	一	丁	扌	扌	払	批	批		
评	丶	讠	订	许	评	评			
防	丨	阝	阝	阶	防	防			
止	丨	十	止	止					
挤	一	丁	扌	扩	扩	护	扲	挤	挤
偷	丿	亻	伫	伫	伶	偷	偷	偷	
偷	偷								
整	一	匚	㠯	臼	束	束	敕	敕	
	敕	敕	敩	敩	敩	整			
踩	丶	口	口	므	무	呈	跀	跀	
	跀	跀	跀	踩	踩	踩			

> 文化小贴士　Proverbs
>
> **天将降大任于是人也，必先苦其心志，劳其筋骨。**
>
> Tiān jiāng jiàng dà rèn yú shì rén yě, bì xiān kǔ qí xīnzhì, láo qí jīngǔ.
>
> To be appointed a very important task, one must be tested by sufferings of both mind and body first.

本课听说生词
New words in listening exercises

标准	干	警察	司机	撞	催	两口子	房东
亲切	诗	笑话	棋	摔	倒	破	钥匙
电梯	会议	材料	电	楼梯	笔记	鸡蛋	保存
香	牛	肉	手				

第三十三课　车里还放着音乐呢

Lesson 33　Music is being played in the car

语法项目 Grammar：

1. 趋向补语（2）：复合趋向补语

   他赶快跑了过去。

2. 助词"着"：

   车里还放着音乐呢。

   老人笑着说："谢谢。"

3. 结果补语（6）：满、上

   车里站满了人。　大家合上书。

4. 只要……就……：

   只要坐一趟车就行。

5. 先……然后……：

   老师先请我们简单介绍一下自己，然后带着我们学生词。

重点词语 Key Words：

1. 渐渐：上车的人渐渐多了。

2. 连忙：安德连忙站起来让座。

3. 一下子：安德的脸一下子红了。

功能项目 Activities：

人物描写

一、课文 Text

（一）他赶快跑了过去

今天安德打算去外文书店看看HSK的辅导书，虽然明年才参加考试，但他想先了解一下。从学校到书店很方便，只要坐一趟车就行了，不用换车。安德到车站时，正好有一辆空调车，他赶快跑了过

去。上车后，他投了两块钱硬币，看见前面还有座位空着，就坐了下来。空调车真好，冬暖夏凉，车里还放着音乐呢。上车的人渐渐多了，很快，车里站满了人。到第四站时，一个拿着拐杖的老人走上车来，安德连忙站起来让座，老人笑着说："谢谢。"安德摇摇头说："不用谢。"周围的乘客都微笑地看着他，安德的脸一下子红了。

(二) 老师戴着一副眼镜

今年暑假，我和我们班不少同学来到了中国，参加短期汉语学习。昨天是短期班第一天上课，我们早早就来到了教室，等着老师。大家边等边想：会安排什么样的老师给我们上课呢？七点五十分，老师推开门走了进来。大家一看，是一位女老师。她个子不太高，头发短短的，戴着一副眼镜，上身穿着一件浅蓝色的衬衫，下身穿着一条漂亮的裙子，大概三十岁，老师微笑着说："你们好！"我们一下子喜欢上了她。

上课了，老师先请我们简单介绍一下自己，然后带着我们学生词，纠正我们语音方面的错误，接着，又学习了语法和课文。老师讲得很清楚，我们都听懂了。老师对我们说："只要认真学习，就一定能学好汉语。"

下课的时间到了，老师说我们表现得很好，我们都很高兴。大家合上书，背着书包，和老师说"再见"，然后从教室里走了出来。

二、生词 New Words

1. 跑	v.	pǎo	run	甲
2. 只要	conj.	zhǐyào	if only, as long as	乙
3. 趟	m. (n.)	tàng	*a measure word for a trip*	乙
4. 上	v.	shàng	get on, board	甲
5. 投	v.	tóu	throw, fling	乙
6. 硬币	n.	yìngbì	coin	
7. 座位	n.	zuòwèi	place to sit, seat	乙
8. 空	adj.	kòng	empty, vacant	乙
9. 着	part.	zhe	*an aspect particle*	甲
10. 暖	adj.	nuǎn	warm; warm up	乙
11. 凉	adj.	liáng	cool, cold	乙
12. 放	v.	fàng	play, broadcast	甲
13. 渐渐	adv.	jiànjiàn	gradually, by degrees	乙
14. 满	adj.	mǎn	full, filled	甲
15. 拐杖	n.	guǎizhàng	walking stick	
16. 连忙	adv.	liánmáng	hastily, hurriedly	乙
17. 微笑	v., n.	wēixiào	smile	乙
18. 一下子	adv.	yīxiàzi	all at once	乙

第三十三课　车里还放着音乐呢

19. 短期	n.	duǎnqī	short-term	乙
20. 安排	v., n.	ānpái	arrange, plan	甲
21. 推	v.	tuī	push, shove	甲
22. 进来	v. (c.)	jìnlai	come in, enter	甲
23. 副	m.(n.)	fù	*a measure word*	乙
24. 眼镜	n.	yǎnjìng	eye-glasses	乙
25. 简单	adj.	jiǎndān	simple	甲
26. 纠正	v.	jiūzhèng	correct	乙
27. 语音	n.	yǔyīn	pronunciation	乙
28. 错误	n.	cuòwù	mistake	甲
29. 表现	v., n.	biǎoxiàn	exhibit; behaviour	甲
30. 背	v.	bēi	carry, bear	乙

本课新字　New Characters

三、注释　Notes

HSK

　　HSK 是"汉语水平考试"的拼音首字母缩写。汉语水平考试是为测量母语非汉语者的汉语水平而设立的国家级标准化考试。目前分为〔HSK（基础）〕、〔HSK（初、中等）〕和〔HSK（高等）〕三种。

203

HSK is the abbreviation of "Hanyu Shuiping Kaoshi" (Chinese Proficiency Test), which is a standardized test at the state level to assess the Chinese proficiency of those non-native speakers. At present, it consists of HSK Basic, HSK Elementary-Intermediate and HSK Advanced.

四、语法 Grammar

(一) 趋向补语 (2)：复合趋向补语
Tendency complement (2): Compound tendency complement

趋向动词"上、下、进、出"等后面加上"来"或"去"，放在别的动词后面做补语，叫复合趋向补语。常用的复合趋向补语见下表：

Compound tendency complement is formed by adding 来 (come) or 去 (go) to the tendency verbs such as 上 (go up), 下 (go down), 进 (go into) and 出 (go out). It is placed after other verbs as a complement. The following are the commonly used compound tendency complements:

	上	下	进	出	回	过	起
来	上来	下来	进来	出来	回来	过来	起来
去	上去	下去	进去	出去	回去	过去	

"来/去"所表示的动作方向与说话人或所谈的事物之间的关系和简单趋向补语相同。如：

The relationship between the orientation introduced by 来/去 and the objects talked by the speaker is the same as that of simple tendency complement. For example:

(1) 老师从外面走进来了。（说话人在房子的里面）

(2) 我借回来几本书。（书在我这儿）

(3) 她走进商店去了。（说话人在商店的外面）

如果动词后面的宾语表示处所，宾语一定要放在趋向动词和"来/去"的中间。如果有"了"，"了"字要放在句末。如：

If a verb is followed by an object of location, the object must be placed between the tendency verb and 来/去. If there is 了, it must be placed at the sentence end. For example:

（1）这封信我替他带回宿舍去吧。

（2）她走进食堂来了。

如果宾语表示事物，可以放在"来/去"之后，也可以放在"来/去"之前。如果有"了"，"了"字要放在复合趋向补语之后、宾语之前。如：

If the object implies a thing, it can be placed after 来/去 as well as before 来/去. If there is a 了, it should be placed after the tendency compound complement but before the object. For example:

（1）他从箱子里拿出来两件衣服。/ 他从箱子里拿出两件衣服来。

（2）外面走进来一个人。/ 外面走进一个人来。

（3）昨天我寄回去了一封信。

如果动词不带宾语，"了"字可以放在动词之后，也可以放在句末。如：

If the verb is not followed by an object, 了 can be placed either after the verb or at the end of sentence. For example:

（1）快八点了，波伟跑进来了。/ 快八点了，波伟跑了进来。

（2）妈妈来了，孩子很快跑过去了。/ 妈妈来了，孩子很快跑了过去。

（二）助词"着" The auxiliary 着

动词后面加动态助词"着"，表示动作或状态的持续。动词所表示的动作是可持续的动作，否则，不能用动态助词"着"。

The dynamic auxiliary 着 after a verb means the processing of an action or a state. The action of the verb must be the continuous one, or 着 cannot be used.

1. 表示动作的持续。"动词+着"常和表示动作进行的"正在"、"正"、"在"等词连用。

It expresses the processing of an action. The structure "Verb+着" is usually used together with processing verbs, such as 正在, 正 and 在, which implies the processing of the actions.

肯定式 Affirmative structure:

主语 Subject	+	动词 Verb	+	着 着	+	宾语 Object
(1) 外面		正 下		着		雨呢，你等一会儿走吧。
(2) 我		正在 吃		着		饭，来电话了。
(3) 晚上，大家在宿舍里愉快地唱着歌。						

表动作持续时，否定式很少用。只在回答问话中有"着"的句子时才用否定式。如：

The negative structure is seldom used to express the processing of a verb action. It is only used to answer the questions with 着. For example:

A：不要吃着东西给别人打电话。

B：我没吃着东西打电话。

正反疑问句结构 Affirmative-negative interrogative form:

主语 Subject	+	动词 Verb	+	着 着	+	宾语 Object	+	没有？ 没有？
(1) 里边		开		着		会		没有？
(2) 你		听		着				没有？

2. 表示状态的持续。It expresses the continuance of a state.

肯定式 Affirmative structure：

主语 Subject	+	动词 Verb	+	着 着	+	宾语 Object
(1) 妹妹		穿		着		一件漂亮的毛衣。
(2) 房间的窗户		开		着		。
(3) 椅子上		坐		着		一位老人。

否定式 Negative structure:

	主语 Subject	+ 没(有) + + not +	动词 Verb	+ 着 + + 着 +	宾语 Object
(1)	墙上	没	挂	着	画儿。
(2)	本子上	没	写	着	名字。
(3)	窗户	没	开	着。	

正反疑问句结构 Affirmative-negative interrogative form:

	主语 Subject	+ 动词 + + Verb +	着 着	+ 宾语 + + Object +	没有？ 没有？
(1)	书上	写	着	名字	没有？
(2)	墙上	挂	着	画儿	没有？

3. 用在句中主要动词之前表示行为的方式或伴随状况。如：

When the structure "动词+着" is used before the main verb, it expresses the action method or concomitance. For example:

(1) 父母带着孩子去看电影。

(2) 我喜欢躺着看书。

(3) 他唱着歌走了进来。

(三) 结果补语 (6): "满、上" Result complement (6): 满、上

1. "满" 表示全部充实，达到容量的极点。如：

It means that something is full, and no more can be filled into it. For example:

(1) 上课了，教室里坐满了人。

(2) 他很爱学习，书架上放满了书。

(3) 她的书上写满了字。

2. "上" 表示动作完成后产生结合、附着等结果。如：

It implies that the connection or attachment results from fulfilling action. For example:

(1) 房间里有点冷，请关上窗户吧。

(2) 在这里写上你的名字。

表示达到了目的。如：

It means that the aim has been achieved. For example:

(1) 他今年终于考上了大学。

(2) 我们家住上了新房子。

表示动作开始并继续。如：

It means that the action began and continued. For example:

(1) 第一次见面，他就爱上了这个女孩。

(2) 他们是老朋友，一见面就谈上了。

(四) 只要……就……　　If only...

表示必要条件的条件复句。"只要"提出必要的条件，"就"后面是根据这个条件所产生的结果。"只要"可用在后一个分句。如：

This structure can form a conditional complex sentence, means the necessary conditions. The phrase 只要 introduces a necessary condition, 就 explains the result caused by the condition. 只要 can be placed in the second clause. For example:

(1) 只要坐一趟车就行。

(2) 你只要认真学，就能学好。

(3) 只要告诉我们，我们就会帮助你。

(4) 我们明天开运动会，只要不下雨。

(五) 先……然后……　　First...then...

表示动作、行为在时间顺序上发生的前后。"然后"的后面常接"再"。如：

This structure expresses the time sequence of an action or movement. The phrase 然后 is often followed by 再. For example:

(1) 我们先复习，然后学习新课。

(2) 我们先在这儿休息一下，然后再爬。

(3) 他每天早上先去运动场跑步，然后再去食堂吃饭。

五、重点词语 Key Words

（一）渐渐　gradually, by degrees

[副词] 表示程度和数量随着时间逐步地增加或减少。后面可加"地"。在句中修饰动词、形容词。如：

[adv.] It means that the degree and quantity increase or decrease gradually as the time goes. The word 地 can be added after it. It modifies verbs or adjectives in a sentence. For example:

（1）我来中国三个多月了，渐渐地习惯了这儿的生活。

（2）现在已经是五月了，天气渐渐热了。

（3）火车越开越快，渐渐看不见了。

"渐渐"可以放在句首，必带"地"。如：

The phrase 渐渐 may be used at the beginning of a sentence, but must be used together with 地. For example:

（1）渐渐地，我们成了好朋友。

（2）渐渐地，我喜欢这里了。

（二）连忙　hastily, hurriedly

[副词] 用于陈述句，表示人的行为动作迅速、不拖延。用于动词前，做状语。如：

[adv.] It is used in a statement, implying the quickness of the action, without delay. It is used as an adverbial before a verb. For example:

（1）安德连忙站起来让座。

（2）听见有人在楼下喊我，我连忙打开窗户。

（3）我的衣服被雨淋湿了。回到家连忙换了一件衣服。

注意："连忙"不能用在祈使句，表示催促、建议；"赶快"可以。如：

Notes: The phrase 连忙 cannot be used in an imperative sentence to express the meaning of hastening or suggesting, but the phrase 赶快 can. For example:

（1）人都到了。我们赶快开会吧。

　　（*人都到了。我们连忙开会吧。）

（2）看样子要下雨了，我们赶快下山吧。

　　（*看样子要下雨了，我们连忙下山吧。）

（三）一下子　all at once

［副词］"一下子"用在动词和形容词的前面，做状语。表示动作、行为发生或完成得很快；某种状态出现得很突然。如：

[adv.] The phrase 一下子 is used before a verb or an adjective as an adverbial. It means that a movement or an action occurs or is completed very quickly or a certain state appears suddenly. For example:

（1）昨天天气还很暖和，今天一下子冷了。

（2）我和他开玩笑，他一下子就生气了。

（3）老师一说，我一下子就懂了。

六、练习 Exercises

（一）朗读短语　Read the following phrases

走进来	拿出来	跑上来	买回去	挤出去　爬上去
走进教室来	跑下楼	带衣服回去	送东西进去	
唱着歌	打着伞	站着上课	躺着看书	
关上门	穿上大衣	挤满了人	放满了菜	
一下子热了	一下子黑了	一下子笑了	一下子生气了	
纠正动作	纠正发音	连忙站起来	连忙坐下去	
渐渐暖和了	渐渐了解了	背书包	背孩子	

（二）替换练习　Substitutions

1. A：我们 拿进去 吧。
   B：好吧。

走上去	爬上去
搬出去	带回去
骑过去	跑下去
拿下来	住回来

2. A：他从 上海 带回来 了什么？
   B： 带回来 了 一张唱片 。

书架上	拿下来	一本画报
超市	买回来	很多东西
家里	带过来	一台电视
包里	拿出来	两包烟

3. A：你看见丁荣了吗？
   B：我看见她 跑下楼 去了。

走进图书馆	跑进教室
走出校门	走上楼
跑回宿舍	爬上山

4. A：里边 放着 音乐 没有？
   B：没有 放音乐 。

表演	太极拳
上	课
演	节目

5. 她 穿 着 一条红裙子 。

拿	一个大箱子
抱	几本书
戴	一块手表
端	一盆水

（三）根据课文回答问题　Answer the questions according to the text

1. 安德去书店看什么书？为什么？
2. 安德坐的什么车？车上有座位吗？
3. 安德后来为什么不坐了？
4. 安德的脸为什么红了？
5. "我"和同学们来中国做什么？
6. 老师是谁？是一位怎样的老师？
7. 老师怎么教他们？
8. 第一次上课，他们高兴吗？为什么？

（四）选词填空　Fill in the blanks

简单　空　渐渐　连忙　挂　安排　背　表现　微笑　眼镜

1. 墙上_____着他们结婚时的照片。
2. 我想请你_____介绍一下这个学校的情况。
3. 他经常躺着看书，所以现在戴上了_____。
4. 天_____变冷了，该穿厚衣服了。
5. 学校_____我们住一个宿舍。
6. 她常常_____着和别人说话。
7. 那是一个_____盒子，里边儿什么东西也没有。
8. 她学习很认真，在学校的_____非常好。
9. 那个孩子想让妈妈_____着他上楼。
10. 我们一进门，服务员就_____走了过来。

（五）比较选择　Choose the right one by comparison

1. 吃饭不能急，要_____吃。（渐渐　慢慢）

第三十三课　车里还放着音乐呢

2. 你在这儿等_____，我马上就来。（一下子　一下儿）

3. 他被车撞了，_____摔倒了。（一下子　一下儿）

4. 下雨了，你_____去收衣服吧。（赶快　连忙）

（六）在空格里填上恰当的复合趋向补语
Fill in the blanks with proper tendency compound complement

1. 行李已经拿_____家_____了。

2. 上课了，老师走_____教室_____了。

3. 我上楼的时候，看见一个人从楼上跑_____了。

4. 你站_____走走，看看这双鞋怎么样。

5. 他从包里拿_____一封信。

6. 这本书今天必须还_____图书馆_____。

7. 这座山不太高，别人都爬_____了，我们也爬吧。

8. 你回_____头_____看看我是谁。

9. 他从国外带_____一些礼物。

10. 妈妈从墙上拿_____一张照片。

（七）用"动词+着"填空　**Fill in the blanks with the structure 动词+着**

1. 我进去的时候，他正_____歌呢。

2. 李明爱_____音乐走进了教室。

3. 说话小点声，里边现在_____会呢。

4. 快点下来吧，大家都在_____你呢。

5. 波伟的书桌上_____他们全家的照片。

6. 下雪了，他_____大衣，_____帽子走下楼来。

7. 今天我去迟了，教室里已经没有_____的座位了。

8. A：你知道这个本子是谁的吗？

　　B：上面不是_____名字嘛。

(八) 用动词和结果补语填空
Fill in the blanks with verbs and result complements

1. 你的书_____了没有？
2. 对不起，蛋糕都被我_____了。
3. 外面太吵了，_____门吧。
4. 他在中国生活了几十年，_____了中国的每个城市。
5. 我今天去买衣服，商店里_____了人。
6. 今天真倒霉，刚买的手机被_____了。
7. 我要的书你给我_____了吗？
8. 请在这里_____你的姓名和电话号码。

(九) 连词成句 **Make up sentences with the words given**

1. 图书馆　他　走　从　了　出来

2. 让　他　过来　妈妈　给　了　我　一件　带　毛衣

3. 上　老师　着　给　课　站　我们

4. 我　躺　在　看　着　床上　书　喜欢

5. 孩子　穿　红　条　那个　着　裤子　一

6. 衣服　大　的　里　满　我　装　箱子　了

(十) 改错句 **Correct the following sentences**

1. 他走进来教室了。

2. 词典我已经拿回去宿舍了。

3. 他在沙发上看电视坐着。

4. 我渐渐地看着他走远了。

5. 我在楼下叫他，他就走下去了。

6. 他从钱包里拿出去十块钱。

7. 我衣服洗着，电话响了。

8. 你回去家以后，就给我来个电话。

（十一）阅读理解　Reading comprehension

难忘的事情

在中国，我收到过很多礼物，但有一样东西最让我难忘。那天学校带留学生去农村参观，下了车后，大家就向农民（nóngmín farmer）家走去。我一个人一边走一边看着周围，想着中国农村的变化。我走到了一个小院子前，院子里很安静，只有一个八九岁的小孩子在院子里玩着。他一看见我走进来，就跑到一棵树的后面，从那里偷偷（tōutōu stealthily）地看着我。我觉得有点不好意思，就走了出来。我走到了一条小河边，看着河水时，忽然发现那个孩子站在我的身边，过了一会儿，他拉着我的手，喊了一声"阿姨"。我很高兴，问他叫什么名字，他不说话，只是拉着我的手，像要带我去什么地方。我们刚走到小院子附近，就听到老师叫学生上车的声音。我对那个孩子说了声"再见"就走了。在我等着上车时，看到那个孩子又跑了过来，他手里拿着什么东西，伸手给了我就跑走了。我上车一看，他给我的是一块小石头（shítou stone），像一个小月亮（yuèliang moon）。这个我不认识的中国农村孩子的礼物使我很感动。我永远不会忘记他。

读后判断正误　Judge the following true or false according to the passage

1. 那天学校带留学生去参观。　　　　（　　）

2. "我"在路上见到了那个孩子。　　　（　　）

3. 那个孩子今年九岁。　　　　　　（　　）
4. 孩子看见"我"没有和我说话。　　（　　）
5. 孩子在车旁喊了"我"一声。　　　（　　）
6. "我"和那个孩子去了他家。　　　（　　）
7. 孩子给了"我"一块石头。　　　　（　　）

（十二）描写汉字　Trace the characters

第三十三课　车里还放着音乐呢

副	一	一	戸	戸	后	后	高	畐
	副	副						
镜	ノ	人	上	乍	钅	钅	钅	钅
	铲	铲	镐	镐	镜	镜		
简	ノ	ケ	ᅩ	夶	朴	竹	竹	竹
	简	简	简	简				
纠	乙	纟	纟	纠	纠			
误	丶	讠	讠	讠	讠	误	误	误
背	丿	寸	斗	北	北	北	背	背	背

文化小贴士　Proverbs

读万卷书，行万里路。

Dú wàn juàn shū, xíng wàn lǐ lù.

Plenty of reading increases one's learning and ability.

217

本课听说生词

New words in listening exercises

晒　电冰箱　退　剧场　汽车　裤子　挂　幼儿园
接受　电池　贴　摄影师　照相　糖　喜糖　迎接
工艺品　喜酒　村子　草　小心　步　纸币　动物
直接　方向　终点站　添　感谢　资料

第三十四课　我们家是五年前搬进来的

Lesson 34　We moved here five years ago

语法项目 Grammar：

1. 被动句（2）：意义被动句

   地铁建好了。

2. 存现句：

   路的两边盖了很多高楼。

3. "是……的"句（1）：

   我们家是五年前搬进来的。

4. 尽管……但是……：

   尽管茶社的价格有点儿贵，但是人们还是愿意经常去坐坐。

重点词语 Key Words：

1. 以来：改革开放以来。

2. 更加：整个城市变得更加美丽。

3. 因此：

   因此，尽管茶社的价格并不便宜，但人们还是愿意经常去坐坐。

功能项目 Activities：

谈论城市变化、休闲方式

一、课文 Text

（一）我们家是五年前搬进来的

改革开放以来,中国的经济发展得越来越快,很多城市都发生了巨大的变化。马路变宽了,地铁建好了,路的两边盖了很多高楼,居民区里停满了汽车。

我家在一座三十层的高楼里,我们住在二十层,是五年前搬进来的。新家又大又漂亮,是我妈妈布置的,舒服极了。我常常站在窗前,欣赏外面的风景,看城市在慢慢地改变。我们家刚搬来时,楼旁边的那条路还没修好,一下雨,路上到处都是泥,现在已经变成了人们饭后散步的好地方。楼前面原来是一片空地,现在变成了一个小花园,种着许多花和草。我最喜欢的是城市的夜景。夜晚，灯亮了，像天上的星星一样，整个城市变得更加美丽。

(二)墙上挂着风景画和照片

你去过中国的茶社吗？那是现在中国人和朋友约会、休息的好地方。每到周末或晚上，都有不少人在那里聊天、打牌。茶社一般都在大学、居民区和饭店附近。刚开始时，茶社不太多，后来因为很受欢迎，所以越开越多，而且每家布置得都很漂亮、很舒适。茶社里边儿常常放着宽大的沙发，墙上挂着风景画和照片，放着好听的音乐。在茶社，能喝到各种各样的绿茶和红茶，也能吃到味道不错的中式快餐和西式快餐。服务员也很热情，会经常走过来为你服务。因此，尽管茶社的价格并不便宜，但是人们还是愿意经常去坐坐。

二、生词 New Words

1. 改革	v.	gǎigé	reform		乙
2. 开放	v.	kāifàng	open to the outside world		乙
3. 以来	n.	yǐlái	since		乙
4. 巨大	adj.	jùdà	huge		乙
5. 宽	adj.	kuān	wide		乙
6. 建	v.	jiàn	build		乙
7. 盖	v.	gài	build		乙
8. 居民区	n.	jūmínqū	residential area		乙
9. 搬	v.	bān	remove		甲
10. 改变	v.	gǎibiàn	change, transform, change		甲
11. 泥	n.	ní	mud		乙
12. 花园	n.	huāyuán	flower garden		乙
13. 种	v.	zhòng	grow, plant		乙
14. 许多	num.	xǔduō	many, a lot of		甲
15. 夜晚	n.	yèwǎn	night, evening		乙
16. 亮	adj., v.	liàng	bright, light		甲
17. 星星	n.	xīngxing	star		乙
18. 更加	adv.	gèngjiā	more		乙
19. 茶社	n.	cháshè	tea house		
20. 牌	n.	pái	cards		乙
21. 受	v.	shòu	be given		乙
22. 舒适	adj.	shūshì	comfortable		乙

23. 各种各样		gèzhǒng gèyàng	every kind of various kinds of	甲
24. 绿茶	n.	lǜchá	green tea	乙
25. 红茶	n.	hóngchá	black tea	乙
26. 味道	n.	wèidao	taste	乙
27. 快餐	n.	kuàicān	quick meal, snack	丙
28. 因此	conj.	yīncǐ	therefore, so	乙
29. 尽管	conj.	jǐnguǎn	although	乙

本课新字 New Characters

革 巨 宽 盖 搬 泥 许 各 味
此 尽 管

三、语法 Grammar

(一) 被动句（2）：意义被动句
Passive sentence (2): sentence of passive meaning

生活中常见一些句子，主语一般是某种事物，表示受事，这种句子在形式上和主语是施事的句子相同，但被动的意思很明显，我们叫它意义被动句。结构为：

There are often some sentences in daily life, of which the subjects are usually a certain kind of thing, indicating the patient. The structure is the same as that of agent sentence, but the passive meaning is quite clear. It is called the sentence of passive meaning. The following is its structure:

| 主语（受事） + | 动词 + | 其他成分 |
Subject (patient) +	Verb +	Other components
（1）信	已经 写	好了。
（2）我的钱包	找	到了。
（3）她的中文歌	唱	得真好听。

（二）存现句　Existential sentence

存现句是表示人或事物在某地点存在、出现或消失的句子。结构为：

Existential sentence indicates somebody or something exists, appears or disappears. Its structure is:

| 处所词 + | 动词 + | 助词/补语 + | 名词（不确指） |
Location words +	Verb +	Aux. / Complement +	Noun (uncertain)
（1）墙上	挂	着	一张世界地图。
（2）前面	走	过来	两个人。
（3）我们楼里	搬	走了	一家人。

（三）"是……的"句（1）　Pattern 是……的(1)

用"是……的"强调说明已经发生或完成的动作的时间、地点、方式、目的、用途等。"是"放在要强调说明的部分的前面（肯定句中"是"可以省略），"的"一般放在句末。

This structure is used to emphasize the time, place, method, purpose and usuage of the action occurred. The word 是 is placed before the part to be emphasized (it can be omitted in an affirmative sentence) while 的 is placed at the end of the sentence.

肯定式用"是……的"的格式。如：

The affirmative form is 是……的 (It is... that/who). For example:

（1）我们（是）坐飞机来的。

（2）我（是）1996年开始学习汉语的。

（3）我（是）从老挝来的。

否定式用"不是……的"的格式。如：

The negative form is 不是……的 (It is not... that/who). For example:

（1）我不是来学习的，我是来旅行的。

（2）他们不是坐汽车来的，是骑自行车来的。

动词所带宾语不同，"的"的位置不同。

The position of 的 varies with the objects of the verbs.

1. 宾语是名词，"的"常常放在宾语的前面。如：

If the object is a noun, 的 is usually placed before the object. For example:

（1）他 是 在北京 上 的 飞机。

（2）你 是 在哪儿 学 的 汉语？

2. 宾语是人称代词，或宾语后有趋向补语，"的"必须放在句末。如：

If the object is a person pronoun or the object is followed by a tendency complememt, 的 must be placed at the end of the sentence. For example:

（1）昨天 我 是 在超市 遇到 他 的。

（2）我们 是 下午五点半 回学校来 的。

（四）尽管……但是……   In spite of... but...

表示让步。"尽管"用于前一分句，后一分句常用"但是、可是、然而"等表示转折的词呼应。在书面语中，"尽管"也可用于后一分句。如：

It means concessions. 尽管 is used in the first clause, and the second clause is usually connected by the phrases 但是，可是 or 然而, implying a turn. In written Chinese, 尽管 can also be used in the second clause. For example:

（1）尽管茶社的价格并不便宜，但人们还是愿意经常去坐坐。

（2）尽管他生病了，可是他还是每天来上课。

（3）他们还在体育场踢球，尽管天已经黑了。

四、重点词语 Key Words

（一）以来 since

［名词］表示从过去某个时候到现在的这段时间。前面常有"从"、"自"、"自从"等词语呼应。如：

[n.] It means a time period from a certain past time to present. It is often used together with 从, 自 or 自从 before it. For example:

（1）七月以来，天气一天比一天热。

（2）这个公司自从换了经理以来，发生了很大的变化。

（3）自打太极拳以来，他的身体比以前好多了。

（二）更加 more

［副词］表示程度增高，用于比较。含有原来也有一定程度的意思。同"更"，常用在双音节形容词或动词前。如：

[adv.] It indicates the increasing of degree, which is used in comparison. It implies that a certain degree already existed. It is the same as 更. It is often used before disyllabic adjectives or verbs. For example:

（1）他比以前更加努力了。

（2）他一讲我更加不明白了。

（3）她现在更加漂亮了。

（三）因此 therefore, so

［连词］用在表示因果关系的句中，引出结果或结论。可以连接两个分句。连接分句时，前一小句有时用"由于"表示原因。如：

[conj.] It is used in a sentence expressing cause and result, which introduces the result or conlusion. It can connect two clauses. When it connects two clauses, sometimes the phrase 由于 is used to introduce the clause in the former clause. For example:

(1) 我和他一直是邻居，因此很了解他。

(2) 他生病后没有去医院看病，因此病越来越重。

(3) 由于他学得很认真，因此每次考试都是第一名。

(4) 由于中国菜很好吃，因此很多留学生来中国后都长胖了。

注意："因此"一般只和"由于"配合，"所以"可以和"因为、由于"配合。

Notes: Usually the phrase can only cooperate with 由于, while 所以 can cooperate with 因为 or 由于。

五、练习 Exercises

（一）朗读短语　Read the following phrases

机票买到了　东西找着了　窗户关上了　作业做完了　东西装满了

是坐飞机来的　是2003年来的　是来学汉语的　是一个人来的

墙上挂着画　本子上写着名字　路上停着汽车　桌子上放着菜

学汉语以来　工作以来　锻炼以来　种花　种树　种菜

各种人　各种水果　各种东西　受欢迎　受伤　受到表扬

（二）替换练习　Substitutions

1. A：今天的作业 做完 了没有？
   B：已经 做完 了。

衣服	洗好
借给你的小说	看完
我的自行车	修好
想看京剧的学生	到齐

2. A：你们是怎么去 黄山 的？
   B：我们是 坐火车 去的。

书店	坐汽车
西安	坐飞机
公园	骑自行车
老师家	打的

3. 墙上 挂着一幅画 。

书上	写	我的名字
教室里	放	十张桌子
门外	停	一辆车
衣柜里	挂	很多衣服

4. A：你是什么时候来中国的？
   B：我是 去年 来的。
   A：你是来工作的吗？
   B：不是，我是来 学习汉语 的。

2005年	学习
上个月	旅行
一个星期前	看朋友
前天	开会

（三）根据课文回答问题　Answer the questions according to the text

1. 中国的经济为什么发展得越来越快？
2. 很多城市发生了怎样的变化？
3. "我"的家在哪儿？是什么时候搬进来的？
4. "我"的家怎么样？周围的环境呢？
5. "我"在家时最喜欢做什么？
6. 人们在茶社里做什么？
7. 茶社一般在什么地方？
8. 茶社里的环境怎么样？
9. 人们为什么愿意去茶社？
10. 你去过中国的茶社吗？

(四) 选词填空　Fill in the blanks

> 以来　更加　建　许多　改变　尽管　亮　因此　味道　受

1. 现在，到处都在_____高楼。
2. 爸爸生病后，他们家的生活有了很大的_____。
3. 你尝尝这个菜的_____怎么样？
4. 每天早上有_____老年人在公园里锻炼。
5. _____天气很冷，但他每天还是第一个到教室。
6. 已经是夜里一点钟了，他房间的灯还_____着。
7. 这个孩子长大以后，变得_____漂亮了。
8. 她学习非常认真，_____每次考试成绩都很好。
9. 听说那部电影很_____欢迎，我也想去看看。
10. 参加工作_____，他每个月都给父母寄钱。

(五) 选择下列词组填空　Fill in the blanks with phrases given

> 放着　停着　搬来　开走　贴着　坐着　死了　拿掉

1. 桌子上_____五个苹果。
2. 车站刚_____一辆空调车，真让人生气。
3. 他宿舍的墙上_____几张照片。
4. 昨天，村里_____一头牛。
5. 昨天，我们家楼下_____了一家人。
6. 我去公园时，看见椅子上_____两位老人在聊天。
7. 居民小区里_____很多自行车。
8. 教室墙上的地图被_____了一张。

(六) 用"动词+结果补语"填空

Fill in the blanks with the structure 动词+结果补语 (verb + result complement)

1. 这些衣服_____。

2. 老师布置的作业_____。

3. 给妈妈的信_____。

4. 房间已经_____。

5. 窗户都_____。

6. 带的钱_____。

7. 自行车_____。

8. 从图书馆借的书_____。

(七) 用所给的词语完成句子

Complete the sentences with the words or phrases given

1. _____,我的汉语进步得很快。(以来)

2. _____,可还是没有买到。(尽管)

3. 我是坐飞机去的,_____。(因此)

4. 来到中国以后,_____。(更加)

5. 我觉得,_____。(只要)

6. 我才喝了一点酒,_____。(一下子)

(八) 连词成句　**Make up sentences with the words given**

1. 坐　的　他　北京　昨天　是　火车　来

　_____

2. 她　来　中国　去年　不　的　是

　_____

3. 已经 光 月 用 这个 的 钱 差不多 了

_____

4. 人 不 里 坐 房间 一 的 个 着 认识 我

_____

5. 苹果 多 树 掉 下来 很 上

_____

（九）改错句 Correct the following sentences

1. 今天的衣服被洗完了。

2. 他的词典昨天已经拿走。

3. 裤子让弄脏了。

4. 桌上放着这本书。

5. 院子里好几辆自行车放着。

6. 我昨天没有八点半来的。

7. 他是坐出租车回来的学校。

8. 因为喜欢中国，因此我来中国学习汉语。

（十）阅读理解 Reading comprehension

我的老家在远离城市的农村，我很小的时候去过。我印象（yìnxiàng impression）中的家乡，到处是破旧的房屋和小小的泥路。因此，一听说爸爸要带我们回老家，虽然嘴上没说什么，但我心里很不高兴。

"孩子，家乡这几年的变化可大了，你回去一趟，也许就不愿意回城里来了呢！"听着爸爸的介绍，我有点不相信，但还是同意和爸爸一起回去了。

汽车开在宽宽的马路上，家乡离我们越来越近。我没有见到泥路，我见到的是一条条宽宽的马路和在田里来回奔跑的拖拉机（tuōlājī tractor）。爸爸的话没错，家乡的变化真的不小。

走进村子,我第一眼就看见了一排新盖的楼房,人们都穿着干净的衣服。我急忙向爷爷家走去。爷爷家的变化更使我吃惊,以前破旧的房屋已经被新房代替了,院子里停着一辆三轮车和一辆拖拉机。走进屋里,只见桌子上放着一台彩色电视机,旁边放着一台DVD和一部电话机。

看着家乡的变化,我高兴极了,家乡再也不是我想象中的那个样子了,它的变化太大了。

读后判断正误　Judge the following true or false according to the passage

1. "我"是第一次回老家。　　　　　(　)
2. "我"很高兴爸爸带我们回老家。　(　)
3. "我"不相信家乡变化很大。　　　(　)
4. "我们"是坐火车回去的。　　　　(　)
5. 爷爷家现在在楼房里。　　　　　(　)
6. 爷爷家的变化很大。　　　　　　(　)
7. 在爷爷家可以看电视。　　　　　(　)

(十一) 描写汉字　Trace the characters

革	一	十	廿	廿	苎	苎	革	革	革
巨	一	丆	丏	巨					
宽	丶	宀	宀	宀	宁	宵	宵	宽	
	宽								
盖	丶	丷	艹	关	芏	羊	盖	盖	
	盖	盖							

第三十四课　我们家是五年前搬进来的

搬	一	扌	扌	扌	扪	挀	挀	挀
	挀	搬	搬	搬				
泥	丶	氵	氵	沪	沪	沪	泥	
许	丶	讠	讠	许	许			
各	丿	夂	夂	冬	各			
味	丨	口	口	叶	叶	味	味	
此	丨	卜	止	此	此			
尽	𠃍	コ	尸	尺	尽	尽		
管	丿		𥫗	𥫗	𥫗	𥫗	𥫗	𥫗
	笁	笁	管	管	管			

文化小贴士　Proverbs

知识就是力量。

Zhīshi jiù shì lìliang.

Knowledge is power.

> **本课听说生词**
> New words in listening exercises

百货　考虑　办事　愤怒　鱼　单　骄傲　看不起
根　成语　朝三暮四　从前　养　猴子　栗子　颗
齐　盐　旅馆　假期　旅途　旅行社　巧　工厂
条件　心情　保持

第三十五课　复习（七）

Lesson 35　Review 7

一、课文　Text

我们几个留学生是在学校的篮球场和王明认识的，在这几个月中，大家成了好朋友。这个星期天，王明邀请我和安达去他家做客，说他妈妈早就想见见我们了，我们两个人高兴极了。因为以前谁也没有去过王明家，王明说要到学校来接我们，我们说不用，你画张路线图给我们就可以了，我们自己能找着。因为是第一次去中国人家做客，我们去问了老师应该注意哪些问题，买什么样的礼物，最后决定带一束花和一些水果去。到了星期天，我们先去买了东西，然后就坐车出发了。下了车后，我们正拿着王明画的图往前走，这时，前面走过来一个人。"哎，波伟，你看，那不是王明吗？"安达大声说。真的是王明，他怕我们走错路，就到车站来接我们了。

到了王明家，他爸爸出差去了，王明的妈妈笑着对我们说："欢迎，欢迎！请进，请进。"我们也很有礼貌地说："阿姨，您好！"进门后，王明的妈妈请我们先在客厅坐下，又端了一盘水果过来，说："你们先坐着聊聊天，我去给你们做好吃的。"我们连忙站起来表示感谢。王明让我们别客气，他先带我们参观了一下他家。他们家真大，真漂亮！到了王明的房间，看见书架上摆满了书，墙上贴着他喜欢的体育明星的照片，屋子布置得又简单又舒服。过了一会儿，王明的妈妈说菜都好了，请吃饭吧。王明从冰箱里拿出来两瓶啤酒和一瓶汽水，安达说他一喝酒脸就红，王明说："没关系，就喝一点儿，来，为我们的友谊干杯！"王明的妈妈也客气地说："菜不多，也不知合不合你们的口味，你们尝尝，最好都吃完，不要剩。"我看着桌子上的菜，品种很丰富，感觉什么都很好吃，中国人真是太热情了。我们大家在一起越吃越开心，我和安达都吃得很饱。王明和他妈妈都欢迎我们下次再去。

我们在王明家度过了非常美好的一天。

二、生词 New Words

1. 做客	v. o.	zuò kè	be a guest	
2. 路线	n.	lùxiàn	line	乙
3. 图	n.	tú	picture, map	乙
4. 束	m.(n.)	shù	a measure word for flower etc.	丙
5. 阿姨	n.	āyí	aunt	乙
6. 端	v.	duān	hold sth.	乙

7. 盘	m.(n.)	pán	a measure word for dishes etc.	乙
8. 表示	v.	biǎoshì	show, express, indicate	甲
9. 摆	v.	bǎi	put, place	甲
10. 体育	n.	tǐyù	sports	甲
11. 明星	n.	míngxīng	star	丁
12. 屋子	n.	wūzi	room	甲
13. 汽水	n.	qìshuǐ	soda water	甲
14. 干杯	v.o.	gān bēi	drink a toast	乙
15. 合	v.	hé	suit	乙
16. 口味	n.	kǒuwèi	taste	
17. 最好	adv.	zuìhǎo	had better, it would be	乙
18. 剩	v.	shèng	be left (over), remain	甲
19. 品种	n.	pǐnzhǒng	variety	乙
20. 饱	adj.	bǎo	fill, full up	甲
21. 度过	v.	dùguò	pass, spend (time/etc.)	乙
22. 美好	adj.	měihǎo	fine	乙

本课新字 New Characters

线 阿 姨 端 盘 示 摆 剩 饱

三、练习 Exercises

（一）根据课文回答问题 Answer the questions according to the text

1. 王明邀请谁去他家做客？
2. 他们带了什么礼物去王明家？
3. 他们是自己找到王明家的吗？
4. 王明的爸爸妈妈都在家吗？
5. 王明的家怎么样？
6. 王明的房间是怎么布置的？
7. 王明的妈妈请他们吃的什么？
8. 这一天他们过得怎么样？

（二）选词填空 Fill in the blanks

> 端　表示　美好　体育　干杯　度过　剩　最好　摆　品种

1. 哥哥离开家人，在国外_____了五年。
2. 你看，门外边_____着的是什么？
3. 吃饭时，服务员给我_____来了一杯水。
4. 这个问题你_____去问问老师。
5. 今天是母亲节，让我们为妈妈的健康_____。
6. 这个月我买了很多东西，现在只_____五十块钱了。
7. 你喜欢什么_____运动？
8. 别人帮你找到了钱包，你应该向他_____感谢。
9. 现在商店里东西的_____越来越丰富了。
10. 我相信我们的明天一定会更_____。

（三）填写恰当的趋向补语

Fill in the blanks with proper tendency complement

1. 她马上就从楼上_____了，我们等她一会儿吧。

2. 你的书呢？快点从包里拿_____。

3. 丁荣刚才不是在这儿吗？怎么现在又_____商店里_____了？

4. 有位老人_____车_____了，你快站_____让座。

5. 你住在几楼？这个大箱子我帮你拿_____吧。

6. 这座楼太旧了，楼里的人都搬_____了。

7. 上课了，外面的同学请赶快_____。

8. 你们在马路对面等我，我打完电话就_____。

（四）填写恰当的结果补语

Fill in the blanks with proper result complement

1. 我放在桌上的书不知道被谁拿_____了。

2. 那个孩子找_____了，父母高兴得哭了。

3. 王明妈妈做的饺子真好吃，一下子都让大家吃_____了。

4. 今天听写生词时，老师说"本"，我写_____"木"了。

5. 我正在准备考试，请关_____电视，好吗？

6. 为了找我的手机，我问_____了班上的每一个同学，可还是没找_____。

7. 睡觉吧，你再去看一下窗户关_____了没有。

8. A：我已经有几天没有见_____邻居小李了。
   B：哦，他上个星期搬_____了。

（五）用"了、过、着、的"填空

1. 他以前学_____英语，现在不学_____。

2. 这本词典是我去北京旅行时买_____。

3. 已经十二点_____，他房间的灯还亮_____。

4. 弟弟小时候胖_____，后来就瘦_____。

5. 为了找工作，我已经去_____三次上海_____。

6. A：你是几点到_____？

   B：我九点半就到_____。

7. A：她今天为什么戴_____帽子？

   B：因为今天她起晚_____，没有洗头。

8. A：你看_____中国电影没有？

   B：我昨天和王明一起去看_____，很有意思。

（六）用"一……就……"改写句子

Rewrite the sentences with the structure "一……就……"

1. 我推门，门开了。

2. 我感冒时总是会发烧。

3. 他说话的时候脸会红。

4. 我骑这辆自行车，自行车坏了。

5. 老师讲了以后，我懂了。

6. 吃了这种药，我的病好了。

（七）用下列词语写出完整的"被"字句

Make up complete 被-sentences with the words or phrases given

1. 我　　批评　　老师

   _____

2. 那本书　　拿　　他

   _____

3. 杯子　　打

   _____

4. 雨　淋　我

_____

5. 自行车　修　他

_____

6. 电脑　偷

_____

7. 苹果　吃　弟弟

_____

8. 公司　派　国外　小王

_____

（八）用所给的词语完成句子

Complete the sentences with the words or phrases given

1. 你别担心，_____。（只要……就……）
2. 我觉得汉语很有意思，_____。（越……越……）
3. 他骑车撞了我一下，_____。（一下子）
4. 他真聪明，_____。（一……就……）
5. 现在别进去，_____呢。（动词+着）
6. 这本词典不错吧？_____。（是……的）
7. _____，我还是借给他500块钱。（尽管）
8. 他每天都锻炼身体，_____。（因此）

（九）选用下面的词语（至少8-10个）写一段话：不少于200字

Choose 8-10 words from the following to write a passage with over 200 characters

| 做客 | 改变 | 搬 | 布置 | 一下子 | 羡慕 | 许多 | 饱 | 遍 |
| 同意 | 体育 | 渐渐 | 只要 | 座位 | 美好 | 度过 | 品种 |

第三十五课　复习（七）

（十）综合填空　Fill in each of the blanks with a proper word

今天是星期天，天气_____好！李明爱一起床_____给丁荣打电话，约她一起去爬山。丁荣马上答应了。李明爱在楼下等_____丁荣，丁荣很快就下来了，两个人骑着自行车出发了。她们的自行车都是来中国以后买_____。她们要去的那_____山离学校比较远，她们是第一次去，两个人边骑边说着话。来到山下，两个人放_____自行车就开始爬山了。爬了半个小时以后，两个人_____走_____慢，就坐下休息一会儿，再继续往上爬。终于到山顶_____，她们高兴_____笑了。

在山顶上到处看了一_____后，丁荣说肚子饿了，两人就开始下山了。到了放自行车的地方，她们没找到自己的车，她们想，是不是_____小偷偷走了？这时，一个戴_____帽子的看车人走了过来，_____她们说："你们的车我搬到那边_____了，这里是路口，不_____停车。"她们连忙说对不起。

在回_____的路上，两个人都觉得虽然很累，但很有意思。

（十一）描写汉字　Trace the characters

线	乚	纟	纟	纟	纟	线	线	线
阿	阝	阝	阝	阝	阝	阿		
姨	乚	乚	女	女	妁	妁	姨	姨
端	、	亠	亠	立	立	屶	屶	屶
	屶	屶	端	端	端			
盘	丿	广	丹	丹	舟	舟	舟	舟
	盘	盘						
示	一	二	亍	示	示			

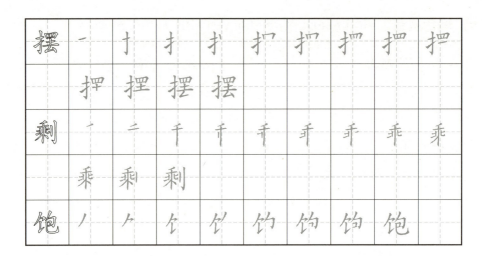

文化小贴士　Proverbs

不积跬步，无以至千里，

不积小流，无以成江海。

Bù jī kuǐ bù, wú yǐ zhì qiānlǐ,

Bù jī xiǎo liú, wú yǐ chéng jiānghǎi.

Thousands of miles cannot be reached if one does not walk step by step;

Rivers and seas cannot come into being if there is no stream.

本课听说生词
New words in listening exercises

家长　电视剧　厘米　长　小偷　冲　抓　适合

狗　掉　元旦　感动　原因　邮递员　爷爷

独生子女　奶奶　外公　抬　动　学院　寸

第三十六课　我高兴得跳了起来

Lesson 36　I jumped with joy

语法项目 Grammar：

1. 状态补语（2）：
   我高兴得跳了起来。

2. 量词重叠：
   他们个个天真活泼。

3. 反问句（2）：
   你没看见通知吗？／我哪儿行啊。

4. 连……都／也……
   连我都打算参加了。

重点词语 Key Words：

1. 各：
   为中国人民和世界各国人民的友谊做贡献。

2. 临：
   每次临上台的时候

功能项目 Activities：
描述心情

一、课文 Text

（一）我高兴得跳了起来

来中国已经三个月了，我还清楚地记得接到通知时的情景。那天，我们国家教育部的工作人员给我打电话说："恭喜你得到了奖学金，你可以到中国学习四年汉语。"听到这个消息，我高兴得跳了起来。

那时，我是一个农村中学的教师，已经教了差不多三年的法语和美术，我很喜欢我的工作，喜欢我的学生，他们都是农民家庭的子女。虽然工作环境比较差，孩子们的水平比较低，但他们个个天真活泼，尊敬老师，懂礼貌，爱学习，我哪能不爱他们呢？在我的工作刚刚开始、孩子们还在等着我教给他们更多的知识的时候，要离开他们，我怎么舍得呢？但能去中国学习汉语，了解这个伟大的国家，这样的留学机会又是多么难得啊！我决心学好汉语，将来当个汉语老师，为中国人民和世界各国人民的友谊做贡献。

(二) 我哪儿行啊

今天下午安达去办公室时，听说下个星期举行全院留学生汉语朗诵比赛，安达很高兴，回宿舍后就动员波伟一起去报名。波伟说："报什么名啊？""你没看见通知吗？下个星期有一个汉语朗诵比赛，我们一起参加吧。"波伟说："用汉语朗诵，我哪儿行啊，你自己去吧。"安达鼓励他："连我都打算参加了，你怎么不行呢？"波伟笑着说："我的汉语水平哪有你高啊？"安达急了："谁说你的汉语水平没有我高？你的汉语基础比我好。老师不是经常表扬你学习认真，进步很快吗？我认为这次参加比赛，对提高自己的汉语水平一定有帮助，结果怎么样不重要。"

波伟看安达急得脸都红了，就说："好，你别急，我和你一起去报名。不过，我有一个毛病，每次临比赛的时候，都特别紧张，如果要说的话都忘了，怎么办呢？"安达拍拍自己："不是有我吗？我们表演双人朗诵，内容请老师帮我们决定。"说完，两个人高高兴兴地去办公室了。

二、生词 New Words

1. 记得	v.	jìde	remember		乙
2. 情景	n.	qíngjǐng	scene, sight		乙
3. 教育	v., n.	jiàoyù	teach, educate; education		甲
教育部	n.	jiàoyùbù	ministry of Education		
4. 奖学金	n.	jiǎngxuéjīn	scholarship		乙
5. 跳	v.	tiào	jump, leap		甲
6. 农村	n.	nóngcūn	countryside		甲
7. 美术	n.	měishù	fine arts		乙
8. 农民	n.	nóngmín	farmer, peasant		甲
9. 天真	adj.	tiānzhēn	naive, innocent, simple		乙

第三十六课 我高兴得跳了起来

10.	活泼	adj.	huópō	active, vivacious	乙
11.	尊敬	v.	zūnjìng	respect, honour	乙
12.	舍得	v. (c.)	shěde	be willing to part with	丙
13.	伟大	adj.	wěidà	great, outstanding	甲
14.	留学	v. o.	liú xué	study abroad	丙
15.	多么	adv.	duōme	how, to what extent	甲
16.	难得	adj.	nándé	hard to come by, rare	丙
17.	决心	n., v.	juéxīn	determination; be determined to	乙
18.	将来	n.	jiānglái	future, aftertime	甲
19.	各	pr.	gè	each	甲
20.	贡献	v., n.	gòngxiàn	contribute, devote	乙
21.	朗诵	v.	lǎngsòng	read aloud with expression	丙
22.	动员	v.	dòngyuán	mobilize, encourage	乙
23.	报名	v. o.	bào míng	sign up, enter one's name	乙
24.	通知	v., n.	tōngzhī	notice; notify, inform	甲
25.	鼓励	v.	gǔlì	encourage; encouragement	乙
26.	连…… 都/也……		lián… dōu/yě…	even (if)...	甲
27.	基础	n.	jīchǔ	base	甲
28.	认为	v.	rènwéi	think	甲
29.	结果	n.	jiéguǒ	end, result	丙
30.	临	v., prep.	lín	face, just before	乙
31.	内容	n.	nèiróng	content	甲

本课新字 New Characters

奖 金 农 术 泼 尊 敬 伟 将
贡 献 朗 诵 鼓 励 基 础

三、语法 Grammar

（一）状态补语（2） State complement (2)

动词短语有时也可以放在"得"的后面，做动词的状态补语，描写动作者的状态。如：

Sometimes a verb phrase can be put after 得, as the state complement of the verb, describing the state of the actor. For example:

（1）他看书看得忘了时间。
（2）他气得不知道说什么好。
（3）妈妈高兴得流下了眼泪。

（二）量词重叠 Reduplication of measure words

汉语的名量词和动量词都可以重叠，表示"每"的意思。如：张张、件件、次次等。

In Chinese, both of the noun measure words and the verb ones can be reduplicated, meaning every, such as 张张, 件件, 次次 and so on.

（1）我们班同学个个都有汉语词典。（我们班每个同学都有汉语词典）
（2）他天天都是第一个到教室。（他每天都是第一个到教室）
（3）我们学校足球队次次都赢。（我们学校足球队每次都赢）

（三）反问句（2） Rhetorical questions (2)

前面已经学过反问句的"不是……吗？"这种形式，下面再介绍几种反问句的常用基本句式：

The structure of "不是……吗?", one of the rhetorical questions, has already been studied. The following are two other types of rhetorical quesitons：

1. 句式一　Structure 1:

没	+	动词	+	……吗?
Don't	+	Verb	+	……?
（1）他		没	告诉	你吗? 他不想去。
（2）你		没	听	他说吗? 他要去英国。

2. 句式二　Structure 2:

用疑问代词反问
Ask a rehetorical question with an interrogative pronoun

疑问代词"怎么"、"哪里"、"哪儿"、"谁"，用在"能"、"行"、"会"和一些动词、形容词前面，有时并不表示方式、原因、处所或人，只表示反问的语气。"谁"常和"说"连用，构成"谁说……?"的句式。如：

Some interrogative pronouns, such as "怎么 (how), 哪里 (where), 哪儿 (where) and 谁 (who)", when they are placed before 能, 行, 会 and some verbs or adjectives, sometimes it does not mean a method, reason, location or person, but means the mood of a rehetorical question. The word 谁 is often combined with 说 to form the pattern 谁说……? For example:

（1）今天上课，他怎么会不来呢？（他会来）

（2）他的事我哪儿知道啊？（我不知道）

（3）他哪里能跑一千米啊？（他不能跑一千米）

（4）这样做，谁不会做？（大家都会做）

（5）谁说我昨天没去？（昨天我去了）

（四）连……都/也……　**Even (if) ... / let alone**

汉语常用"连……都/也……"的结构来表示强调。用"连"引出强调的部分，后面用"都、也"等和它呼应。通过比较以后说明：强调的这件事尚且如此，其他的就更应该是如此了。如：

The structure "连……都/也……" is usually used for emphasise in Chinese. The word 连 introduces the part to be emphasized, correspondingly, 都 or 也 is used after it. An explanation is given after the comparision: even the emphasizing part is like this, let alone the others. For example:

（1）刚到中国时，我连"你好"都不会说。（别的话就更不会说了）

（2）这种问题，连小孩子都知道。（大人更应该知道了）

（3）他是谁？我连他的名字也不知道。（更不了解他了）

（4）昨天的考试，连波伟也才考了70分。（别的人考得更不好了）

四、重点词语 Key Words

（一）各 each

[代词] 指某个范围内的所有个体。用在名词或量词前。如：

[pron.] It refers to every single one within a certain scope. It is used before a noun or measure word. For example:

（1）来自世界各国的学生都在留学生食堂吃饭。

（2）他各门课的成绩都很好。

（3）我各种菜都想尝一尝。

比较"各"和"每"：Comparision 各 and 每：

两者都指所有的个体，但意义上有差别。

Both words refer to certain individuals, but their meanings are different.

1. "各"着重于遍指，"每"着重指全体中的任何一个个体。用"每"的句子里一般有"都"相呼应。如：

The word 各 focuses on all over, while 每 focuses on any single individual. In general, 每 is corresponded with 都. For example:

（1）各班都要参加运动会。

（2）各人带好自己的东西。

（3）我们班每个同学的汉语水平都差不多。

（4）你说的每一句话我都听懂了。

2. "每"一般不能单用，"每"和名词之间一般要用量词或数量词。"各"可以单用，也可以和有些名词连用。如：

The word 每 usually can not be used alone. Generally, there is a measure word or a quantity between 每 and the noun. The word 各 can be used alone or in pairs with some nouns as well. For example:

（1）每张桌子 / 每一张桌子　（*每桌子）

（2）每本书 / 每一本书　（*每书）

（3）你们各做各的。

（4）各国、各班、各学校、各年级

3. "每"和"各"还可以单独修饰动词。修饰动词时，"每"前没有范围，强调遍指；而"各"前有所指范围，强调在此范围内的个体所具有的共性。如：

Both 每 and 各 can modify a verb independently. When to modify a verb, there is no scope restrictions before 每. It emphasizes the general indication. However, there is a scope restrictions before 各, which focuses on that all the individuals are of generality. For example:

（1）每到夏天，我就去海边旅行。

（2）他的腿受伤了，每走一步都很疼。

（3）北京和上海各有特点。

（4）在书店，我们各买了两本书。

（二）临　face, just before

1.［动词］靠近，面对。如：

[v.] near, face. For example:

（1）我不喜欢临街的房子，太吵了。

（2）我们村子背山临水，风景美极了。

2.［介词］表示将要发生。"临"后面常和"前"、"以前"、"时"或"的时候"

连用。用"临"组成的介词结构可以用在主语前。如:

[prep.] It means something will take place soon. It is often followed by 前, 以前, 时 or 的时候. Preposition structure consisting of 临 can be used before the subject. For example:

(1) 他临走的时候给了我一百块钱。

(2) 临出发前,他说了一下要注意的事情。

五、练习 Exercises

(一) 朗读短语　Read the following phrases

个个都很努力	张张都很漂亮	回回都不在	家家都很干净
教育学生	教育孩子	接受教育	跳水	跳高	跳舞
天真活泼	天真可爱	想法天真	尊敬老人	尊敬老师	尊敬父母
多么伟大	多么优美	多么高兴	机会难得	难得回家	难得看电影
接到通知	通知学生	通知报名	内容很简单	内容很丰富

(二) 替换练习　Substitutions

1. 他没 听见 吗?

告诉你	听老师说
来这里	去上海
去洗澡	去看电影

2. 谁说 我没去 ?

他没来	她没拿
爸爸病了	老师走了
我迟到了	饭好了

3. 丁荣连 这么难的字 都 会写 了。

上课	忘
我的衣服	洗
护照	丢
一块钱	没有

4. 他 看小说 看 得 忘了时间。

跑步	跑	满头大汗
喝茶	喝	睡不着觉
听音乐	听	快睡着了
唱歌	唱	嗓子疼

（三）根据课文回答问题　Answer the questions according to the text

1. 听到什么事，"我"很高兴？
2. 来中国前，"我"是做什么工作的？
3. "我"喜欢自己的工作吗？为什么？
4. "我"决心以后做什么？
5. 安达动员波伟一起去做什么？
6. 波伟为什么不想去？
7. 安达觉得谁的汉语水平高？为什么？
8. 最后的结果怎么样？

（四）选词填空　Fill in the blanks

记得　情景　天真　舍得　临　通知　各　决心　鼓励　结果

1. 办公室_____大家周六去看展览。
2. 在我难过的时候，谢谢你经常_____我。

3. 你还_____我的名字吗?

4. 我今天真倒霉，_____上车时才发现没带钱。

5. 医生说检查_____后天才能知道。

6. 妈妈总是不_____孩子离开自己。

7. 下了班，他们就_____回_____家了。

8. 我不会忘记出国时的_____。

9. 你喜欢_____的女孩吗?

10. 我_____一定要学好汉语和专业。

（五）用所给词语改写句子

Rewrite the sentences with the given structures

1. 我不知道这件事。（连……都……）

　　_____。

2. 他没有回国。（哪儿）

　　_____。

3. 你应该告诉他。（没……吗?）

　　_____。

4. 妹妹喜欢吃鱼。（谁说）

　　_____。

5. 我们玩了很长时间，结果忘了时间。（得）

　　_____。

6. 快下课时，老师通知我们下周一考试。（临）

　　_____。

7. 我认识她。（怎么）

　　_____。

8. 在超市，我买了两瓶水，他买了一包饼干。（各）

　　_____。

（六）用"每"或"各"填空 Fill in the blanks with 每 or 各

1. 他有_____种颜色的笔。

2. 老师要求我们_____分钟写三十个汉字。

3. 我们班的同学_____人有_____人的特点。

4. 这种药_____四小时吃一次，_____次吃两片。

5. 我家前面有一个花园，花园里种着_____种花草。

6. _____个人都应该注意保护环境。

（七）用"都"或"也"完成句子

Complete the following sentences with 都 or 也

1. 我连中国茶_____。

2. 爸爸连这本书_____。

3. 他忙得连_____。

4. 我连回家的路_____。

5. 姐姐连电话_____。

6. 连这些孩子_____。

（八）改错句 Correct the following sentences

1. 你听他没说吗？他要回国了。

2. 他看电视得忘了写作业。

3. 每个我们班同学都很努力。

4. 连妈妈不知道这件事。

5. 谁说不会我做饭？

6. 这个班男生和女生每一半。

7. 临波伟去上海前，来看了我。

8. 你不看电视，该睡觉了。

（九）连词成句　Make up sentences with the words given

1. 妈妈　连　我　了　都　认识　不

2. 说　上学　妹妹　谁　没　今天　去

3. 说　刚　你好　连　也　时　来　会　我　不

4. 会　啊　哪儿　乒乓球　他　打

5. 书　他　本　时候　我　走　的　给　一　临

6. 东西　前　要　很　临　吃　睡觉　不　多

（十）阅读理解　Reading comprehension

我小时候，每到暑假，就乘火车去阿姨那儿住几个星期。阿姨的家在一个美丽的小城里。

记得有一次，我住在她家，一天下午，阿姨做完了家务（jiāwù homework），就带我一起去动物园玩儿，我很高兴。到了动物园，我让阿姨带我先去看猴子。我对猴子很感兴趣，猴子很像人，或者说人有点儿像它。我有时看它们都看得入了迷。我们来到猴子的笼子（lóngzi cage）前，已经有不少人在看它们。有的人想跟它们说话，不停地叫它们；有的人给它们扔面包、糖什么的。这时有人给猴子扔了一块糖，可这块糖掉在笼子外面了，一只小猴子想拿但拿不到。我就走近笼子，拿起那块糖，给小猴子。可那只小猴子没有拿糖，却抓走了我鼻子上的眼镜。后面的人都大声地笑了，我阿姨也笑得流出了眼泪。他们在笑我吗？我开始恨（hèn hate）这只猴子和这些笑的人。管理员用两根香蕉和猴子换回了我的眼镜，我一拿到眼镜就催阿姨快点儿回家去。

回到家，我也慢慢不生气了，所以当晚上阿姨告诉她丈夫这个有趣的故事时，我已经不觉得有什么不好意思了。到现在，我还记得这件事。

读后判断正误　Judge the following true or false according to the passage

1. 我每年暑假都去阿姨家住几天。　　　（　）
2. 我们一吃完午饭就去动物园玩儿了。　（　）
3. 我最喜欢看猴子。　　　　　　　　　（　）
4. 大家都在给猴子吃东西。　　　　　　（　）
5. 猴子拿走了我的眼镜。　　　　　　　（　）
6. 回家以后，我一直很生气。　　　　　（　）
7. 我没有忘记这件事。　　　　　　　　（　）

（十一）描写汉字　Trace the characters

敬	一	十	艹	艹	芍	芍	苟	苟	苟
	敬	敬	敬						
伟	丿	亻	亻	仁	伟	伟			
将	丶	丬	丬	半	丬	丬	丬	将	将
贡	一	T	工	干	页	贡	贡		
献	一	十	六	肀	肀	肀	肀	南
	南	献	献	献					
朗	丶	亠	亠	亠	良	良	朗	朗	朗
	朗								
诵	丶	讠	订	订	讠	诵	诵	诵	
鼓	一	十	士	吉	吉	吉	吉	壴
	壴	壴	彭	鼓					
励	一	厂	厂	厉	厉	励			
基	一	十	廿	廿	甘	其	其	其
	基	基							
础	一	厂	ア	石	石	砂	砂	础
	础								

第三十六课 我高兴得跳了起来

文化小贴士　Proverbs

尺有所短，寸有所长。

Chǐ yǒu suǒ duǎn, cùn yǒu suǒ cháng.

Sometimes a *chi* (length unit) may prove short while a *cun* (length unit) may prove long. Meaning: Everyone has his strong and weak points.

本课听说生词
New words in listening exercises

日子	节日	车厢	假	感情	外地	增加	孙子
经过	政府	驾驶	执照	领导	矮	工人	上学
理解	报警	派	锁	刀	盘子	举	金属	托运

第三十七课 别把证件弄丢了

Lesson 37 Mind your passport

语法项目 Grammar：

1. "把"字句（1）：
   把宾馆预订好。

2. 紧缩复句：
   有困难找警察。

3. 概数的表达（3）：左右
   两小时左右

4. 不仅……而且……：
   韩国不仅风景漂亮，而且离中国很近。

5. 既……又……：
   既兴奋又紧张

重点词语 Key Words：

1. 趁：
   趁黄金周，去风景优美的地方玩儿。

2. 本来：
   李明爱本来是跟我一起订了机票的。

功能项目 Activities：

旅游

一、课文 Text

（一）别把证件弄丢了

很多人都会趁节假日，和家人朋友出去旅行。现在，人们旅游的时候常常会选择自助游。自助游的时候有一些需要注意的地方。

首先，可能的话先把宾馆预订好。因为，节假日期间，出门旅游的人很多，很可能会出现客满的情况；另外，在网上预订宾馆，房价一般可以打五到七折。如果没有预订，住进宾馆之前，最好先把价格谈好，然后再办理住店手续。

其次，带好伞、雨衣和各种常备药什么的。这些东西常常都会用到，而且不会占很大地方。临时需要的时候在旅游景区买的话，会比较贵，质量也不一定好。

最后，把自己的钱和物品放好。最重要的是别把证件弄丢了。如果把证件弄丢了,住宾馆、买机票什么的都很麻烦。

那么,旅游的时候,出现了意外怎么办呢?也不要着急,中国人常常说"有困难找警察",如果你遇到了困难,警察会帮助你的。

(二) 她帮我把旅游的路线安排好了

韩国不仅风景漂亮,而且离中国很近,坐飞机两个小时左右就到了。我决定今年暑假去韩国自助游。李明爱本来是跟我一起订了机票的,但临时有事不能回国了。不过她已经帮我把旅游的路线安排好了,又请了一个懂汉语的朋友做我的导游。

机票是八月二号上午十点半的。因为是第一次坐飞机，我既兴奋又紧张，提前三个小时就到机场了。等我把登机手续办好，又把机场都转遍了，终于到了登机的时间。这架飞机好大啊，大概有三百多个座位，我正好坐在靠窗的位置。漂亮的空中小姐分别用英语和汉语向我们问好。在座位上坐了十分钟左右，飞机才起飞。渐渐地，机场变得越来越小，这个城市也离我越来越远。现在只能看见蓝蓝的天，白白的云，美极了。真后悔上飞机的时候没把相机带上。

东看看、西看看，两个小时很快就过去了。马上就要到韩国了，真高兴，我决心不把那儿的风景名胜玩儿遍不回家。

二、生词 New Words

1. 弄	v.	nòng	do, make	乙
2. 趁	prep.	chèn	take the advantage of	乙
3. 节假日	n.	jiéjiàrì	festival and holiday	乙

4. 首先	conj.	shǒuxiān	before all others, first of all	乙
5. 期间	n.	qījiān	time, period, duration	乙
6. 出现	v.	chūxiàn	appear, come into sight	甲
7. 之前	n.	zhīqián	before, prior to, ago	乙
8. 办理	v.	bànlǐ	handle, conduct, transact	丙
9. 手续	n.	shǒuxù	procedures, formalities	乙
10. 其次	conj.	qícì	next, secondly, then	乙
11. 占	v.	zhàn	occupy, hold a certain status	甲
12. 临时	adv.	línshí	temporary	乙
13. 景区	n.	jǐngqū	scenic area, scenic spot	
14. 物品	n.	wùpǐn	article, goods	丙
15. 证件	n.	zhèngjiàn	credentials, certificate	丙
16. 意外	adj., n.	yìwài	unexpected; accident	乙
17. 不仅	conj.	bùjǐn	not only	乙
18. 左右	n.	zuǒyòu	about, or so	乙
19. 本来	adj., adv.	běnlái	original; originally	乙
20. 既	conj.	jì	both... and...; as well as	乙
21. 登	v.	dēng	climb, ascend, mount	乙
22. 靠	v.	kào	lean against; depend on	乙
23. 窗	n.	chuāng	window, shutter	甲
24. 位置	n.	wèizhì	seat, position	乙
25. 空中	n.	kōngzhōng	in the sky, in the air	乙
26. 问好	v. o.	wèn hǎo	send one's regards to, say hello to	甲

27.	天	n.	tiān	sky	甲
28.	云	n.	yún	cloud	甲
29.	东	n.	dōng	east	甲
30.	西	n.	xī	west	甲

本课新字 New Characters

弄　趁　续　占　证　仅　既　靠　云

三、注释 Notes

（一）中国的节假日　Festivals and holidays in China

在中国，全体公民放假的节日有：1. 新年放假1天（1月1日）；2. 春节放假3天（农历除夕、大年初一、大年初二）；3. 清明节放假1天（农历清明节当日）；4. 劳动节放假1天（5月1日）；5. 端午节放假1天（农历端午节当日）；6. 中秋节放假1天（农历中秋节当日）；7. 国庆节放假3天（10月1日、2日、3日）。

In China, there are following public holidays: 1. New Year's Day: it is a one-day holiday on Jan.1; 2. The Spring Festival: it is a three-day holiday consisting of the eve of lunar New Year, the 1st and 2nd of the first lunar month; 3. The Qingming Festival: it is a one-day holiday on the day of Qingming (usually on April. 5); 4. International Labour Day: it is a one-day holiday on May 1; 5. The Dragon-Boat Festival: it is a one-day holiday on the 5th day of the 5th lunar month; 6. The Mid-Autumn Festival: it is a one-day holiday on the 15th day of the 8th lunar month; 7. National Day: it is a three-day holiday from Oct.1 to Oct. 3.

（二）自助游 DIY Travel

"自助"指的是自己动手为自己服务。"自助游"指的是在旅行社的帮助下选择旅游路线和住宿地点，自己决定旅游时间和内容的旅游形式。

自助 means "do something by oneself". The phrase "自助游" is a kind of tour in which the travelling route and accommodation are arranged by a travel agency, while the time and content are decided by the tourist itself.

四、语法 Grammar

（一）"把"字句（1） 把–sentence (1)

介词"把"及其宾语做状语的句子叫"把"字句，这是汉语里经常使用的一种动词谓语句。"把"字句表示对确定的人或物（"把"的宾语）实施某种动作并说明动作产生的某种影响或结果。

把-sentence consists of the preposition 把 and its object, which is used as an adverbial in a sentence. It is a frequently-used verb-predicate sentence in Chinese. A 把-sentence means that a certain action is made to a particular person or thing (the object of 把) and shows the affection or result of that action.

主语 + 把 + 宾语 + 动词 + 其他成分
Subject + 把 + Object + Verb + Other components

这里的"其他成分"可以包括：了、着、动词重叠、动词宾语、动词补语等等。今天我们学习其中的一种，带结果补语的"把"字句。

In this structure, "other components" may consists of 了，着，reduplication of verbs, verb objects and verb complements, etc. In this lesson, one type will be learned, that is, 把 followed by a result complement.

```
主语    + 把 + 宾语 + 动词 +  结果补语（了）
Subject + 把 + Object + Verb + Result complement（了）
（1）他      把   空调    关      上      了。
（2）我      把   宾馆    预订    好      了。
（3）姐姐    把   证件    弄      丢      了。
```

"把"字句的使用要求 Usage requirement of 把-sentence

1. 主语一般是谓语动词所表示动作的发出者。如：

Usually the subject is the performer of the predicate verb action. For example:

（1）我把旅游线路安排好了。（"旅游线路"是"我"安排的）

（2）他把登机手续办好了。（"登机手续"是"他"办理的）

2. "把"的宾语是谓语动词涉及的对象，而且必须是有定的。所谓"有定"是指说话人认为或假定认为是听说双方都已知的事物。有定的事物往往有一定的标志，如有"这"、"那"或其他修饰语修饰，或者是专有名称、泛指事物或周遍性事物。如：

The object of 把 is the object of the predicate verb, and it must be a particular one. Here "particular" means that both the speaker and listener know the object. Something particular often has some special marks, such as 这，那 or other modifiers. It may be a proper noun, something general or popular. For example:

（1）他把那本书读完了。

（2）他把从图书馆借的书读完了。

（3）他把《大地》读完了。

（4）他把每本书都读完了。

即使是单个的普通名词或有数量词的名词短语，用在"把"字后边也要是听说双方已知的某一个或某一些特指的事物。如：

Even if it is a single common noun or a noun phrase with a quantifier, when it is used after 把, it must be something certain or special that is known to both of the speaker and listener. For example:

（5）他把证件弄丢了。（双方都知道是什么证件）

（6）你把窗户开开吧。（双方都知道是哪个窗户）

3. "把"字句中主要动词必须是及物动词，而且必须能使宾语产生位置移动或形态变化。所以，有些动词如"有、是、在、来、去、觉得、感到"等不能做"把"字句的主要动词。如：

The main verb in a 把-sentence must be a transitive verb, which must be able to make the object change its location or state. Therefore, some verbs, such as 有，是，在，来，去，觉得，感到 and so on cannot be the main verbs of 把-sentence. For example:

（1）＊妈妈把学校来了。

（2）＊他把学生是了。

4. "把"字句的否定形式是把否定副词放在"把"的前面，不能放在谓语动词前边。如：

The negative form of a 把-sentence is formed by putting the negative adverb before 把, but not before the predicate verb. For example:

（1）别把护照弄丢了。（＊把护照别弄丢了）。

（2）她没把照相机带上。（＊她把照相机没带上）

（二）紧缩复句　Contracted compound sentence

紧缩复句是用单句的形式表达复句内容的一种特殊的句子形式。如：

A contracted compound sentence is a special sentence to express the content of a compound sentence by a simple sentence. For example:

（1）有困难找警察。

（2）不玩遍韩国不回家。

对紧缩复句切分得到的不是句法成分，而是相当于复句的分句。如"有困难找警察"就分为"有困难"、"找警察"两个分句，其中省略了关联词语"如果……就……"。其他再如：

When a contracted compound sentence is divided, clauses similar to compound sentences can be seen, but not the syntax components. For example, the sentence "有困难找警察" can be divided into two clauses as "有困难" and "找警察", in which the conjunction expression "如果……就……" is omitted. The following are other examples:

（3）钱少不够花。（表示"因为钱少，所以不够花"）

（4）你有事你先走。（表示"如果你有事，你就先走"）

（三）概数的表达（3）：左右

Expression of approximate amount (3)：左右

"左右"用于表示数量，指比某一数量稍多或稍少，用在数量词或表时间的名词后。如：

The phrase 左右 expresses the quantity, meaning more or less than a certain quantity, which is used after a quantifier or a noun of time. For example:

（1）三百元左右

（2）二十岁左右

（3）两年左右

（4）百分之三十左右

（5）身高一米七左右

（四）不仅……而且…… Not only... but also...

"不仅"也可以说"不仅仅"，常和"而且"或者"还""也""并且"配合起来，连接两个并列分句、并列的名词性成分或介词短语，表示除所说的意思之外，还有更近一层的意思。用法同"不但"。如：

不仅 can also be expressed as 不仅仅. It is often used in pairs with 而且, 还, 也 and 并且 to connect two parataxis clauses, parataxis noun components or preposition phrases. It means that there is something further more in addition to what is said. It has the similar usage as 不但. For example:

（1）他不仅是我的老师，还是我的朋友。

两个分句主语相同时，"不仅"多放在主语后；主语不同时，"不仅"多放在主语前。如：

When the two clauses have the same subject, the phrase 不仅 is placed after the subject; when they have different subjects, it is placed before the subject. For example:

（2）他不仅会唱歌，也会跳舞。

（3）不仅他会唱歌，而且他哥哥也会唱。

（五）既……又……　　As well as

表示同时具有两个方面的性质或情况，连接动词或形容词（结构和音节数目常相同），也可以说"既……也……"，用法同"又……又……"。如：

It is used to express that something possesses two aspects of nature or situations. It connects verbs or adjectives (with same structure and same amount of syllables). It can also be expressed as "既……也……", which has the similar usage as "又……又……". For example:

（1）应该做到既会工作又会休息。

（2）他既懂英语又懂法语。

（3）他既没来过，我也没去过。

注意：主语不同而谓语相同的小句，不能用"既……又/也……"，只能用"不但……也……"。如：

Notes: The structure "既……又/也……" cannot be used in the clauses with same predicate but different subjects, in which only the structure "不但……也……" can be used. For example:

不但她去了，我也去了。（*她既去了，我也去了）

五、重点词语 Key Words

（一）趁　take the advantage of

［介词］表示利用条件或机会。"趁"后面可以带名词、形容词、动词短语、小句等等，但带双音节的名词、动词、动词短语和小句时，"趁"后可加"着"，单音节的不能加"着"。如：

[prep.] It means to take the advantage of a condition or opportunity. The word 趁 can be followed by nouns, adjectives, verbs, clauses and so on. When it is followed by disyllabic nouns, adjectives, verbs and clauses, the word 着 may be added after, but not when it is followed by monosyllabic ones. For example:

（1）趁（着）晴天，赶紧把衣服洗了。

（2）饺子你趁热吃。

（3）趁（着）年轻多学点知识。

（4）趁（着）还没到时间，再检查一遍。

（5）趁老师在黑板上写字，他悄悄跑出了教室。

（6）趁着天还没有黑，赶快回家吧。

（二）本来　original, originally

[形容词] 原有的，只修饰名词。如：

[adj.] original. It modifies nouns only. For example:

这件衣服洗了很多次，已经没有本来的颜色了。

[副词] 1. 表示原先，先前。意义和用法同"原来"，可用在主语前。如：

[adv.] It means originally, previously. The meaning and usage is similar to 原来 (formerly), and used before the subject. For example:

（1）她本来就不瘦，现在更胖了。

（2）我本来不知道这件事，现在才知道。

2. 表示按照道理就应该这样。动词部分必须用"应该、该、会、能"等助动词修饰，或用"动词+得（不）……"的结构。如：

It means that something ought to be so according to the common situation. The verb must be modified by auxiliaries such as 应该, 该, 会, 能 and so on, or the verb can also be the structure "V.＋得（不）……". For example:

（1）他的病还没好，本来就不能去。

（2）他的汉语本来学得就挺好的，还用辅导？

（3）本来就写不完，再催还是写不完。

（4）他的英语本来就说得不错，出国留学了一年，现在说得更好了。

六、练习 Exercises

(一)朗读短语 Read the following phrases

趁热	趁早	趁机	回国期间	放假期间	旅游期间
靠窗	靠门	靠马路	临时决定	临时借用	临时准备
弄坏了	弄疼了	弄丢了	弄错了	弄破了	弄干净了
二十斤左右	十五分钟左右		二十岁左右		三千块钱左右
既好吃又便宜	既安静又干净		既聪明又可爱		既漂亮又实用
把手续办完	把电脑修好		没把工作做好		别把钱包弄丢

(二)替换练习 Substitutions

1. 把 宾馆 预订 好。

房间	打扫	干净
车票	拿	好
空调	关	上
书	合	上
电脑	修	好

2. 他没把 咖啡 喝 光。

今天的作业	做	完
那件衣服	洗	干净
这个字	读	对
电视	打	开
要带的东西	准备	好

3. 韩国不仅风景很漂亮，而且离中国很近。

波伟	会唱歌	唱得很好
丁荣	学习好	身体也很好
李明爱	会做韩国菜	会做中国菜
他	是我的老师	是我的朋友
老师	关心我的学习	关心我的生活

4. 我既兴奋又紧张。

妹妹	聪明	努力
姐姐	会英语	会法语
我	喜欢唱歌	喜欢跳舞
他	不想吃药	不想打针
弟弟	不想上大学	不想工作

（三）根据课文回答问题　Answer the questions according to the text

1. 自助游时为什么最好把宾馆预订好？
2. 旅游时为什么要带好伞、雨衣、常备药等等？
3. 旅游时如果把证件弄丢了会怎么样？
4. 如果你出现意外怎么办？
5. 为什么"我"要去韩国旅游？
6. "我"去韩国旅游，李明爱帮我做了什么？
7. "我"为什么那么早去了机场，在机场都做了什么？
8. 介绍一下"我"上飞机以后的情况。

（四）选词填空 Fill in the blanks

> 趁　首先　靠　之前　弄　期间　占　左右　本来　临时

1. 妈妈告诉我，吃饭_____要洗手。
2. 在中国留学_____，他给了我很大的帮助。
3. 张明病了，老师_____决定让我参加这场比赛。
4. 我讲了半天，他终于把这个问题_____懂了。
5. 想让别人理解你，_____要理解别人。
6. 60%_____的同学认为，考试对他们很有帮助。
7. 这张桌子放在这儿太_____地方了，搬到外面去吧。
8. _____爸爸不注意，他从爸爸钱包里拿了100块钱。
9. 她租的房子_____菜场，所以白天非常吵。
10. 他的汉语水平_____就比我高，当然应该他去参加这个比赛。

（五）用合适的动词及其结果补语填空
Fill in the blanks with proper verbs and their result complements

1. 他已经把去北京的车票_____。
2. 妹妹把我新买的手机_____。
3. 他把妈妈给的钱_____。
4. 不一会他就把那本小说_____。
5. 房间太热了，把门_____。
6. 天气预报说今天有雨，你把雨伞_____。
7. 那么多水果都被他_____。
8. 他把中国有名的地方都_____。

（六）用"把"字句改写下面的句子
Rewrite the following sentences with 把-sentence

1. 大雨淋湿了我的衣服。
2. 警察抓住了小偷。

3. 我摔坏了姐姐的眼镜。

4. 波伟骑走了我的自行车。

5. 丁荣借走了那本书。

6. 小偷偷了我的钱包。

（七）连词成句　Make up sentences with the words given

1. 上　出门　带　的时候　把　雨伞

2. 都　安排　她　已经　好　把　工作　了

3. 别　把　开车　弄　的　错　时间　了

4. 一个　姐姐　了　辅导班　趁　英语　暑假　参加

5. 替　爸爸　请　问好　我　向　妈妈　你

6. 做完　没　安达　由于　老师　被　作业　把　批评了

（八）用"把"字句或"被"字句完成对话

Complete the dialogues with 被-sentences or 被-sentences

1. A：你怎么又被老师批评了？

　　B：_____。

2. A：我们下午骑车去怎么样？

　　B：不行，_____。

3. A：你不是去买东西了吗？怎么什么都没买就回来了？

　　B：真倒霉，_____。

4. A：哎呀，刮大风了。

   B：我要回一下宿舍，窗户还开着呢，_____。

5. A：你今天怎么没戴眼镜呢？

   B：_____。

6. A：请问，您还有别的需要吗？

   B：售货员小姐，_____，多找了我十块钱。

（九）改错句 Correct the following sentences

1. 他把弟弟哭了。

2. 弟弟昨天把作业没有做完。

3. 他把一件衣服买到了。

4. 他不仅学过汉语，他姐姐也学过汉语。

5. 一共有二十左右个同学参加了这次表演。

6. 节假日期间旅游的人多，要趁着早把机票买好。

（十）阅读理解 Reading comprehension

在图书馆查资料，找到一些对我写文章特别有用的资料，因为这本书只能借两天，我想拿到复印店把我需要的部分复印一下。

来到校门口的复印店，里边有一个小伙子正在打电话，看我进来不高兴地把电话挂掉了。"小伙子，麻烦你帮我把这本书第41页（yè page）到56页复印好，我去买瓶水，一会儿来拿。"等我回来，小伙子已经把东西复印好，放在桌子上了。我拿起来发现不太对，41页到56页只有十多页，怎么会这么厚呢？我一看，他复印的是11页到56页，多印了三十页。"小伙子，你把我的资料印错了，多印了三十页。"小伙子不高兴地说："你不是说第11页到56页吗，怎么会错呢？""没有啊，我说的是41页到56页。""是你自己没把话说清楚吧。"

争吵（zhēngchǎo quarrel）了半天，多印的三十页还是要我付钱。虽

第三十七课　别把证件弄丢了

然很生气，但也没办法。我给了他一张十元钱。他找了半天，才把钱给我。我生气地拿着资料就走了。走了不远，觉得不对。就想，他找了我多少钱啊，我拿出钱认真数了数，小伙子找了我九十一块，多找了九十。还回去不回去呢，他刚才态度那么不好！就在我这么想的时候，马上觉得脸上发烧，他多找了那么多钱一定非常着急，我怎么能不把钱送回去呢？想到这儿，我马上回复印店了。

小伙子看见我回来，很奇怪。"小伙子，你刚才把钱找错了。"他又生气了，"怎么会找错呢？"　"我给你的是十块钱，不是一百块钱，你多找了我九十。"说完我就把钱放下了。他的脸一下子红了。

读后判断正误　Judge the following true or false according to the passage

1. 我在图书馆里面的复印店复印资料。　　（　）
2. 我想复印的资料一共有十五页。　　　　（　）
3. 小伙子复印的时候我去买饮料了。　　　（　）
4. 因为小伙子复印错了，我多付了钱。　　（　）
5. 找钱的时候，小伙子多找了九十一块。　（　）
6. 我把多找的钱送回去，小伙子很不好意思。（　）

（十）描写汉字　**Trace the characters**

占	丨	卜	卜	占	占		
证	丶	讠	计	订	证	证	
仅	丿	亻	仅	仅			
既	𠃍	彐	彐	日	旡	旡	既	既
靠	丶	丷	牛	生	生	告	告	告
	告	靠	靠	靠	靠	靠		
云	一	二	云	云			

文化小贴士　Proverbs

虚心使人进步，骄傲使人落后。

Xūxīn shǐ rén jìnbù, jiāo'ào shǐ rén luòhòu.

Modesty helps one go forward, whereas conceit makes one lag behind.

本课听说生词

New words in listening exercises

安全带	系	伤	电风扇	旅客	航班	售票处
开学	收拾	垃圾	交通	飞	保管	所有
同	陌生	主动	卧铺	女人	误会	这里
含	早餐	保留	航空	费	以下	

第三十八课　在北京全聚德吃烤鸭

Lesson 38　Eating in roast ducks Beijing Quanjude

语法项目 Grammar：

1. 双重否定：

   到了中国，不能不去北京。

2. "把"字句（2）：

   服务员把菜单拿给他们。

3. 除了……以外，……还/都……：

   除了烤鸭以外，还点了两个凉菜。

4. 补语"起来"：

   卷起来用手拿着吃。

重点词语 Key Words：

1. 其中：

   其中最有名的是全聚德的烤鸭。

2. 几乎：

   这句话在北京几乎没有人不知道。

3. 否则：

   朋友提前订好了座位，否则我们也要等半天了。

4. 确实：烤鸭确实很好吃。

功能项目 Activities：

饮食

一、课文 Text

(一) 在北京全聚德吃烤鸭

到了中国,不能不去北京;到了北京,不能不去全聚德。上个月,我去北京玩儿了一趟。北京是中国的首都,是个非常现代化的大城市,还有很多名胜古迹。另外,北京好吃的东西也特别多,其中最有名的是全聚德的烤鸭。朋友告诉我,在北京几乎没有人不知道全聚德,因为它做烤鸭已经有一百多年的历史了,而且越做越好,越做越大,顾客非常多。

所以,我一到北京,朋友就把我带到全聚德去了。进了饭店,人好多啊,几乎没有空座位,还有很多人坐在门里边等着。朋友提前订好了座位,否则我们也要等半天了。服务员把菜单拿给我们,除了烤鸭以外,我们还点了两个凉菜。烤鸭很快就上来了,鸭肉切成一片一片的,放在一个盘子里，旁边还放着葱、面酱和薄薄的面饼。吃的时候，你应该把鸭肉、葱、面酱都放在面饼上，然后卷起来用手拿着吃。最后，除了一点儿葱，我们把点的菜都吃光了。

烤鸭确实很好吃，下次去北京，我一定还要去吃。

(二) 中国的饺子很好吃

安德很喜欢吃饺子，他第一次吃饺子是和波伟一起去的。那天上课的时候老师讲到了饺子，而且说饺子特别好吃，这对安德的影响很大。所以一下课，他就叫波伟一起去吃饺子。

学校附近正好有一家饺子店，他们以前都没注意过，这次打算在那儿好好儿吃一顿。等他们坐下来后，服务员把菜单拿给他们，上面写着很多种饺子的名字和价格。有蔬菜馅儿的，也有肉馅儿的。他俩要了四两鸡肉饺子，四两牛肉饺子，还要了两碗汤。服务员把饺子端到桌子上的时候，他们非常高兴，赶快夹了一个放到嘴里。哎呀，太烫了！可是，饺子皮儿薄馅儿多，确实非常香，再加点儿醋和辣椒，又酸又辣，更好吃了。

从那以后，安德和波伟就成了那家饺子店的常客。除了去饺子店吃饺子，安德也经常在超市买冻饺子，自己在宿舍煮着吃，既省时间又省钱。煮饺子的时候，不能把饺子煮破了，现在安德在这个方面已经很有经验了。

二、生词 New Words

1. 烤	v.	kǎo	bake, roast	乙
2. 鸭(子)	n.	yā(zi)	duck	乙
3. 首都	n.	shǒudū	capital (of a country)	甲
4. 现代	n.	xiàndài	modern times	甲
5. ……化	suf.	…huà	-ize	乙
现代化	v.	xiàndàihuà	modernize	乙

第三十八课　在北京全聚德吃烤鸭

6. 其中	n.	qízhōng	among	乙
7. 几乎	adv.	jīhū	almost	乙
8. 否则	conj.	fǒuzé	otherwise	乙
9. 菜单	n.	càidān	menu, carte	乙
10. 除了……以外		chúle…yǐwài	except	甲
11. 上来	v. (c.)	shànglai	come up	甲
12. 切	v.	qiē	cut, slice	乙
13. 葱	n.	cōng	shallot	丁
14. 面	n.	miàn	wheat flour	乙
15. 酱	n.	jiàng	thick sauce made from soyabean	丙
16. 饼	n.	bǐng	round flat cake, pastry	丙
17. 卷	v.	juǎn	roll up, curl, furl	乙
18. 起来	v. (c.)	qǐlai	up with	甲
19. 确实	adj., adv.	quèshí	true, exact, truly	甲
20. 影响	v., n.	yǐngxiǎng	influence	乙
21. 好好儿	adv.	hǎohāor	to be well	乙
22. 蔬菜	n.	shūcài	vegetables	乙
23. 两	m.	liǎng	of weight (equal to 1/10 *jin*)	乙
24. 鸡	n.	jī	chicken	甲
25. 汤	n.	tāng	soup	甲
26. 夹	v.	jiā	nip	乙
27. 烫	adj.	tàng	very hot; scald	乙

28. 皮	n.	pí	skin	乙
29. 馅	n.	xiàn	filling, stuffing	丁
30. 醋	n.	cù	vinegar	乙
31. 辣椒	n.	làjiāo	capsicum, hot pepper	丙
32. 冻	v.	dòng	freeze	乙
33. 煮	v.	zhǔ	boil, cook, stew	乙
34. 经验	n.	jīngyàn	experience	甲

专名 Proper Nouns

| 全聚德 | Quánjùdé | a name of restaurant |

本课新字 New Characters

烤 鸭 代 乎 否 则 除 葱 酱
确 蔬 汤 夹 馅 醋 椒 冻 煮
验

三、语法 Grammar

(一) 双重否定 Double negative

在汉语里,可以在一个句子中用两个否定词来强调肯定,这就是双重否定。双重否定的句式一般要求有强烈肯定的愿望和语气。没有对事实强烈肯定的愿望和要求,一般不用。双重否定的基本格式有:

In Chinese, two negative words can be used in one sentence to emphasis the affirmation. This is called double negative. The desire and mood of a double negative pattern are very strong. Double negative is not used if there is no strong desire to the fact. The basic structures of double negative are:

1. 不……不……　　例如：你不可能不知道。（应该知道）

   你不能不去。（必须去）

2. 没有……不……　　例如：没有人不知道。（都知道）

   没有人不去。（都去）

（二）"把"字句（2）　　把-sentence (2)

汉语要表达通过动作使某确定事物发生关系转移、位置移动等意义时，一般要用"把"字句。主语通过动作（动词）改变了"把"的宾语（名词₁）的所属、位置或状态。一般说来，"动词+给"的宾语（名词₂）是表示单位或人的名词，"动词+在/到"的宾语（名词₃）是处所词。

把-sentence is generally used in Chinese to express that the relationship or location of something certain is transferred or moved by an action. The subject changes the belonging, position or state of the object (Noun$_1$) of 把 by the action. Usually, the object (Noun$_2$) of "Verb+给" is a noun of a unit or person, while the object (Noun$_3$) of "Verb + 在 / 到" is a locative noun.

基本句式　Basic structure:

名词$_1$ + 把 + 名词$_2$ + 动词 + 给 / 在 / 到 + 名词$_3$
Noun$_1$ + 把 + Noun$_2$ + Verb + 给 / 在 / 到 + Noun$_3$

（1）他　　把　作业　　交　　　给　　　我。

（2）我　　把　书　　　放　　　在　　　桌子上。

（3）他　　把　香蕉皮　扔　　　到　　　地上。

"把"字句中若要用能愿动词"能、要、想"等或否定词"不、没"，要将它们放在"把"字的前面，不能放在动词的前面。如：

If the modal verbs such as 能, 要 and 想, etc. or the negative adverbs 不 and

没 are used, they must be placed before 把, but not before the verb. For example:

(1) 我们想把桌子上的菜全吃光。

＊我们把桌子上的菜想全吃光。

(2) 老师没把考试的成绩告诉他爸爸。

＊老师把考试的成绩没告诉他爸爸。

(三) 除了……以外，……还/都……　Besides, in addition to

"除了"是介词，意思是排除所引进的对象。后面可以跟名词、动词、形容词等，还可以再加上"以外"。"除了……以外"有两种用法：

The phrase 除了 is a preposition, meaning to put aside what is introduced. It can be followed by nouns, verbs, adjectives and so on. It can also be used together with the phrase 以外. This phrase can be used in two patterns.

1. 表示在被排除的事物之外，还有补充，前后内容都包括在所说的范围之内。后面常与"还/也"连用，格式为"除了……以外，……还/也……"。如：

To express the meaning of "besides" or "as well as". It means besides what is put aside, what is said now will also do the same thing or have the same result. It is often used together with 还 or 也 in the structure "除了……以外，……还/也……". For example:

(1) 今天除了去买书，我们还去看了电影。（我们买了书，我们也看了电影）

(2) 除了他以外，我也去了韩国。（他去了韩国，我也去了韩国）

2. 表示所说的排除在外，后面常与"都"连用，格式为"除了……以外，……都……"。如：

To express the meaning of "except", which is often used in the structure of "除了……以外，……都……". For example:

(1) 除了小王，我们班的同学都通过了考试。（小王没有通过考试）

(2) 除了星期天，他每天都要去上班。（他星期天不上班）

（四）补语"起来"　　Complement "起来"

"起来"做补语有很多意思，本课学习的意思是表示动作完成，兼有聚拢的意思。如：

The phrase 起来 means a lot when used as a complement. What is studied here means to wrap, tidy or put together. For example:

（1）客人马上就到了，快把这些东西收拾起来吧。

（2）看完以后，他又把礼物仔细地包了起来。

四、重点词语　Key Words

（一）其中　among

[方位词] 从字面可以看出它的意思是"那里面"。"其中"指事物的处所或范围，是个比较特殊的方位词。只能单用，不能像其他方位词一样放在名词的后边。如：

[locality.] It is a noun of locality, meaning "inside it". The phrase 其中 refers the location or extension of something, so it is a noun of locality. It can only be used alone, but not placed after a noun as other nouns of locality. For example:

（1）我们班有十七个学生，其中六个是女学生。

（2）这本书很有意思，其中很多东西都是小孩子很感兴趣的。

（3）这种药对胃病有些作用，但其中的道理还不太清楚。

（二）几乎　almost

[副词] "几乎"表示非常接近，差不多，但是还没有做动作或者不到某数量。如：

[adv.] The phrase 几乎 means very near, almost, but something hasn't taken place, or hasn't been to a certain amount. For example:

（1）我高兴得几乎跳了起来。（没有跳起来）

（2）今天我们几乎等了两个小时。（不到两个小时）

（三）否则　otherwise

[连词] 连接分句，用在后一分句前，意思是"如果不是这样"，后一分句为根据前一分句所推出的结果。如：

[conj.] It is used before the latter clause, which means "if it is not in this way". The latter clause is the result concluded by the former one.

（1）学习外语要多说多练，否则不能真正掌握外语。

（2）你快去跟他道个歉，否则他就真生气了。

（四）确实　true, exact, truly

"确实"的意思是真实可靠，可以用做形容词或副词。

The phrase 确实 means true, real. It is used as an adjective or an adverb.

1. [形容词] 只修饰名词，可以做定语、谓语等，可以重叠。如：

[adj.] It modifies nouns only, which can be an attributive or a predicate. It can be reduplicated. For example:

（1）我们还没有得到确实的消息。

（2）你说的这件事确实吗？

2. [副词] 对客观情况的真实性表示肯定，可以做状语，也可以用在句首或重叠使用。如：

[adv.] It confirms the authenticity of an objective situation, which can be an adverbial and put at the beginning of a sentence. It can be reduplicated. For example:

（1）他确实是个认真的人。

（2）确实，他的水平比我高。

（3）我确确实实告诉过他这个情况。

五、练习 Exercises

(一) 朗读短语　Read the following phrases

不能不去	不能不上课	没有人不知道	没有人不喜欢
把筷子摆在桌子上		把车停在马路旁边	
把衣服寄给弟弟		把礼物送到他家	
卷起来	包起来	合起来	收拾起来
好好儿休息	好好儿准备	好好儿学习	好好儿玩儿
几乎没有人了	几乎都去北京了	几乎吃完了	几乎感冒了
确实的消息	确实的情况	确实没去	确实回来了
很大的影响	影响很深	受到影响	有影响
生活经验	工作经验	很有经验	经验丰富

(二) 替换练习　Substitutions

1. 你不能不去。

这件衣服	洗
这次考试	参加
妈妈	陪孩子
学生	认真学习

2. 除了韩国以外，我还去过美国。

英语	学习	日语
唱歌	喜欢	跳舞
电脑	买了	冰箱
留学生	教	中国学生

291

3. 除了⬚他⬚，⬚我们班的同学⬚都⬚通过了考试⬚。

小王	我们	参加了小李的婚礼
那个题	我	做对了
星期天	我	工作
他妈妈	别人	知道了那件事

4. 我把⬚本子⬚放在⬚桌子上⬚。

书包	扔	沙发上
车	停	家里
钱	放	床下面
花	戴	头上

5. 把⬚面饼⬚卷⬚起来。

礼物	放
行李	收拾
这些东西	包
报纸	卷

（三）根据课文回答问题　Answer the questions according to the text

1. 北京最有名的烤鸭店是哪个店？
2. 去饭店吃烤鸭之前最好要做什么？
3. 烤鸭是怎么吃的？
4. 安德和波伟为什么打算去尝一尝饺子？
5. 他们第一次吃饺子是在哪儿吃的？他们吃了哪种饺子？
6. 他们觉得饺子好吃吗？为什么？
7. 安德在宿舍怎么吃饺子？

(四) 选词填空　Fill in the blanks

> 现代化　切　夹　烫　煮　影响　其中　冻

1. 宿舍里很吵，会_____你看书的。
2. 老师_____着一本书走进了教室。
3. 饺子皮儿太薄了，所以_____了一会儿就破了。
4. 汤太热，小心不要把嘴_____着了。
5. 他有很多爱好，_____最喜欢的是画画儿。
6. 我菜_____得很慢，还是你来吧。
7. 如果气温在零度以下，水就会_____成冰。
8. 中国有很多_____的大城市。

(五) 用所给词语改写下列句子
Rewrite the following sentences with the words given

1. 王明搬了一张桌子到教室的后边。（把）

2. 我的作业本我忘在宿舍里了。（把）

3. 生病的时候应该休息，不能太累。（好好儿）

4. 大家都想出国旅行。（没……不……）

5. 你一定要说真话。（不……不……）

6. 我只去过中国的北京。（除了……都……）

7. 北京的名胜古迹很有名，烤鸭也很有名。（除了……也……）

_____

8. 这个商店"春花"牌的空调质量最好。（其中）

_____

9. 你如果在这儿抽烟的话，会被罚款。（否则）

_____

（六）根据例子用合适的动词造"把"字句

Make up 把-sentences with proper verbs after the modal

例句： 书　　桌子

他把书放在桌子上。

1. 你　　报名表　　办公室

_____

2. 安德　　我　　杂志

_____

3. 小姐　　我们　　菜单

_____

4. 我　　照相机　　朋友

_____

5. 妈妈　　孩子　　床上

_____

6. 他　　硬币　　盒子里

_____

7. 爸爸　　花　　花园里

_____

8. 他　　画儿　　墙上

_____

（七）连词成句　Make up sentences with the words given

1. 老师　没有　喜欢　不　他
   _____

2. 他　学生　是　确实　努力　个　的　很
   _____

3. 汉语　中国人　他　跟　说　一样　的　得　说　几乎
   _____

4. 不　这　告诉　女朋友　我　想　件　事　把
   _____

5. 我　爸爸　是　的　才　中国　受　来　影响
   _____

6. 我　给　书　这　安德　本　帮　把　李明爱　带
   _____

7. 小王　礼物　包　地　把　了　小心　起来
   _____

（八）改错句　Correct the following sentences

1. 我们班学生的其中有四个韩国学生。

2. 除了他以外，汉字考试我都考了100分。

3. 昨天我把作业没做完，老师很生气我。

4. 你把脏衣服不要放在床上。

5. 我刚来中国时，几乎会说一句汉语。

6. 你得交那张报名表给办公室的老师。

7. 我确实买那件衣服钱不够。

8. 他一定有重要的事情找你，因为他不会给你打五次电话。

(九) 阅读理解　Reading comprehension

中国人喜欢喝粥（zhōu porridge），早饭几乎都要喝粥。在中国，做粥几乎每个人都会。做粥的东西一般是大米（dàmǐ rice）或者小米（xiǎomǐ millet）。在锅里放一些水和米，用不太大的火慢慢地煮，水要多一些，米少一些。过一段时间，米煮熟了，就可以吃了。做粥很简单，米软（ruǎn soft）软的，汤粘（nián mucosity; sticky）粘的，很容易消化（xiāohuà digest），对身体很好，特别是生病的时候。做粥的时候，人们还可以把蔬菜和猪肉等放在粥里一起煮，这样的粥叫蔬菜粥或肉粥。有一次，我和朋友林林一起去吃饭，他点了一碗肉粥，这种粥里有蔬菜和肉，林林非常喜欢。这样好做又好吃的饭，你也可以试着做一做。

读后判断正误　Judge the following true or false according to the passage

1. 中国人的早饭只喝粥。　　　　　　　　（　）
2. 人们常用水果做粥。　　　　　　　　　（　）
3. 煮粥的时候要用很大的火来煮。　　　　（　）
4. 粥里米多水少。　　　　　　　　　　　（　）
5. 生病的时候喝粥，病很快就会好。　　　（　）
6. 林林也喜欢吃米做的粥。　　　　　　　（　）

文化小贴士　Proverbs

萝卜青菜，各有所爱。

Luóbo qīngcài, gè yǒu suǒ ài.

Everybody has his own favourite.

第三十八课　在北京全聚德吃烤鸭

本课听说生词
New words in listening exercises

羊　卡　洗衣机　文件　签　团　密码　让　乱　背
洞　闻　粮食　它们　发生　……员　收银员　刷
正确　输　发票　这样　捏　烧　开　锅　浮

第三十九课　参观南京长江大桥

Lesson 39　Visiting the Nanjing Yangtze River Bridge

语法项目 Grammar：

1. 概数的表达（4）：多（2）

两边还各有2米多宽的人行道。

2. 可……了：

可不容易了。

3. 可能补语：

看得见下面的风景。

4. 疑问代词的虚指：

我好像听谁说过。

重点词语 Key Words：

1. 同时：两列火车可以同时开。

2. 曾经：

外国人也曾经想在长江上建桥，但是都没有成功。

3. 关于：关于长城，我了解的不多。

4. 好像：它建在高山上，好像一条巨大的龙。

功能项目 Activities：

参观

一、课文　Text

（一）参观南京长江大桥

今天老师带我们去参观了南京长江大桥。南京长江大桥是1968年建成的，它是长江上第一座中国人自己设计、建筑的大桥。大桥有上下两层，上面一层是公路桥，长4589米，中间宽15米，有四个车道，两边还各有2米多宽的人行道；下面一层是铁路桥，长6772米，宽14米，铺了两条轨道，两列火车可以同时开。南京长江大桥在当时是亚洲第一大桥。

我们站在大桥上，看到长江的水面非常宽，江水流得也很快。老师说，在历史上，中国人要想过江都是坐船，没有船就过不去。在长江上建桥，几乎不可能。后来外国人也曾经想过，但也没建成。

1960年，中国人开始建南京长江大桥。1968年12

月，尽管没有外国的帮助，中国人还是建成了这座世界著名的大桥。那个时候，中国经济非常困难，能够建成这座大桥可不容易了。

这件事鼓舞了全中国的人，大家觉得，外国人办不到的事中国人却办到了，真不简单啊，中国的工人真伟大！

(二) 爬长城

来中国以后，我一直想什么时候去长城看看。因为长城是中国古代最伟大的建筑，也是现在中国非常著名的旅游景区。上次去北京，我终于去爬了一次长城。

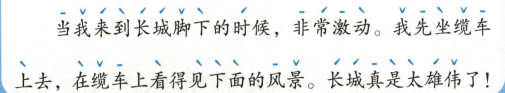

当我来到长城脚下的时候，非常激动。我先坐缆车上去，在缆车上看得见下面的风景。长城真是太雄伟了！

它建在高山上，好像一条巨大的龙，弯弯地伸向很远的地方。长城在两千多年前就开始建了，当时是为了防止敌人进来。从古到今，长城不断地被破坏，又不断地在修建。现在的长城长一万五千多里，所以人们又叫它"万里长城"。

下了缆车，还没到长城顶上，我跟着人们继续往上爬。走在长城上，看着高大的城墙，我想，古代的时候人们没有什么工具，却能把这么大的石头搬到高山上来，中国的古人真是太了不起了！

关于长城，我虽然了解得不多，但好像听谁说过，上面有一块石碑，刻着"不到长城非好汉"。我就一边爬一边找，最后终于在长城上找到了那块石碑。我赶快在它的旁边照了一张相，当了一回"好汉"。

爬完长城，我深深感到长城确实是一个伟大的建筑。回国以后，我一定要把它介绍给更多的人。

二、生词 New Words

1. 江	n.	jiāng	river	甲
2. 设计	v., n.	shèjì	design, scheme	乙
3. 建筑	v., n.	jiànzhù	build, construct; construction	乙
4. 公路	n.	gōnglù	highway, road	乙
5. 道	n.	dào	road, path	甲
6. 人行道	n.	rénxíngdào	footpath	
7. 铁路	n.	tiělù	railway, railroad	乙
8. 铺	v.	pū	pave	乙
9. 轨道	n.	guǐdào	railway track; orbit	丙
10. 列	m. (n.)	liè	a measure word for trains	乙
11. 同时	n., conj.	tóngshí	at the same time	甲
12. 当时	n.	dāngshí	at that time	乙
13. 曾经	adv.	céngjīng	once, ever	乙
14. 著名	adj.	zhùmíng	famous, well-known	乙
15. 能够	aux.	nénggòu	can, be able to	甲
16. 可	adv.	kě	very	乙
17. 鼓舞	v., adj.	gǔwǔ	inspire, encourage	乙
18. 古代	n.	gǔdài	ancient times	乙
19. 缆车	n.	lǎnchē	cable car	
20. 雄伟	adj.	xióngwěi	majesty	乙
21. 龙	n.	lóng	dragon	乙

第三十九课 参观南京长江大桥

22. 弯	v., adj.	wān	bend; crooked	乙
23. 伸	v.	shēn	stretch, extend	乙
24. 敌人	n.	dírén	enemy, foe	乙
25. 不断	adv.	búduàn	continuous, uninterrupted	乙
26. 破坏	v.	pòhuài	destroy	乙
27. 修建	v.	xiūjiàn	build, construct	丙
28. 顶	n.	dǐng	top, summit, peak	乙
29. 继续	v.	jìxù	continue, go on	甲
30. 工具	n.	gōngjù	tool, instrument	乙
31. 石头	n.	shítou	stone, rock, pebble	乙
32. 关于	prep.	guānyú	about	乙
33. 好像	v.	hǎoxiàng	as if, look like, seem	甲
34. 碑	n.	bēi	stele, monument	乙
35. 刻	v.	kè	carve	乙
36. 非	v.	fēi	be not	丙
37. 好汉	n.	hǎohàn	brave man	

▶ 专名 Proper Nouns

南京长江大桥	Nánjīng Chángjiāng Dàqiáo	the Nanjing Yangtze River Bridge

本课新字 New Characters

三、注释 Notes

(一) 南京长江大桥 The Nanjing Yangtze River Bridge

南京长江大桥建于1960年，1968年建成通车。它位于南京市西北面的长江上，是长江上第一座由中国自行设计建造的双层式铁路、公路两用桥。

The Nanjing Yangtze River Bridge was started to build in 1960 and completed in 1968. It lies over the Yangtze River, in the northwest of Nanjing. It is the first double store highway-railway bridge independently designed and constructed by our Chinese.

(二) 长城 The Great Wall

长城是中国也是世界上修建时间最长、工程量最大的一项古代防御工程。从很久很久以前开始，连续不断修筑了2000多年，总长度5000多千米，被称为世界七大奇迹之一。

In China as well as in the world, it took the longest time and most works to build the Great Wall, an ancient fortification. It started to build long long ago. The construction lasted about 2000 years. It is over 5000 km in length, and regarded as one of the 7 wonders in the world.

四、语法 Grammar

（一）概数的表达（4）：多（2）
Expression of approximate amount (4): 多 (2)

以前我们学习过"多"表示概数，可以放在量词的前面，表示整位数以下的零数。如：

We have studied the word 多 as an approximate number, which can be put before a measure word, meaning the remainder besides the whole number. For example:

（1）我们班有十多个男同学。

（2）我有二十多本英文杂志。

本课学习"多"表概数的第二种用法，就是"多"还可以用在量词的后面，表示个位数以下的零数。如：

Here another usage of 多 as an approximate number will be studied. That is, it can also be used after a measure word, meaning the fractional number less than single digit. For example:

（1）我买了三斤多苹果。

（2）这件衣服五十六块多。

这种用法中的数词为个位数或者带个位数的多位数，量词为度量词、容器量词、时间量词等。注意：数词是"十"或其他整数，量词是度量词时，"多"放在量词的前后，意思有很大不同。如：

The number word in this usage is a single-digit one, or a multi-digit one with the single digit. The measure word can be the ones of metrology, container and time, etc. Notes: If the number is ten or other integers, and the measure word is a metrology unit, whether the word 多 is put before or after the metrology unit, the meaning is quite different. For example:

（1）十多斤（十几斤）/十斤多（超过十斤，但不到十一斤）

（2）一百多米（一两百米）/一百米多（超过一百米，但不到一百零一米）

（二）可……了　The structure "可……了"

副词"可"有强调的作用，带有夸张的语气。如果句中没有其他表示程度的副词，"可"一般重读。句子的末尾常有语气助词"了"，构成"可……了"格式。如：

The adverb 可 has the function of emphasizing, with the mood of exaggeration. If there is no other degree adverbs, the word 可 can be stressed. Usually there is a mood auxiliary word 了 at the end of the sentence to form the structure of "可……了". For example:

（1）这里的西瓜可甜了。

（2）我们可喜欢吃水饺了。

（3）这本书可太有意思了。

"可"也可单用，加强肯定的语气。其后的部分重读，"可"一般不重读。如：

The word 可 can be used alone to emphasize the affirmative mood, and the components following it must be stressed, while 可 itself is usually not stressed. For example:

（1）我可知道他的脾气，决定了的事就一定会去做。

（2）这可不是一件小事。

（3）你的汉语可真不错。

（三）可能补语　Possibility complement

在动词和结果补语或趋向补语之间加上结构助词"得"，就构成表示可能的可能补语。可能补语补充说明动作进行或实现的可能性。

If the structure auxiliary word 得 is added in between a verb and a result complement or tendency complement, it may form a possibility complement. It makes up explanation of the process or the possibility of the verb action.

肯定形式　Affirmative structure:

主语 Subject	+	动词 Verb	+	得 得	+	补语 Complement	+	其它成份 Other components
(1) 我		听		得		见		你的声音。
(2) 我		看		得		懂		汉字。
(3) 我		进		得		去		大门。
(4) 我		吃		得		完		四两饺子。

否定形式　Negative structure:

主语 Subject	+	动词 Verb	+	不 not	+	补语 Complement	+	其它成份 Other components
(1) 我		听		不		见		你的声音。
(2) 我		看		不		懂		汉字。
(3) 我		进		不		去		大门。
(4) 我		吃		不		完		四两饺子。

正反疑问形式　Affirmative-negative question structure:

主语 Subject	+	动词 Verb	+	得 得	+	补语 Complement	+	动词 Verb	+	不 不	+	补语 Complement
(1) 这件衣服		洗		得		干净		洗		不		干净？
(2) 这个盒子		打		得		开		打		不		开？
(3) 这条河		过		得		去		过		不		去？
(4) 四两饺子		吃		得		完		吃		不		完？

使用可能补语时需注意以下几点：

The following must be considered when a possibility complement is used:

1. 要清楚主观或客观条件。如：

The subjective conditions and the objective ones must be clear. For example:

(1) 今天下大雨，去不成公园了。

(2) 没有钥匙，进不去家门。

(3) 我没学过法语，看不懂法语书。

(4) 我戴了眼镜儿，看得清楚黑板上的字。

2. 可能补语后面如果有宾语，宾语可以放在补语后，也可以放在句首做主语，不能放在动词和补语中间。如：

If there is an object after the possibility complement, the object can be placed after the complement. It can also be placed at the beginning of the sentence as the subject. It cannot be placed in-between a verb and a complement. For example:

（1）我爬得上去这棵树。

　　　这棵树我爬得上去。

　＊我爬得这棵树上去。

（2）我一个小时做不完这些作业。

　　　这些作业我一个小时做不完。

　＊我一个小时做这些作业不完。

3. 实际使用中，可能补语的否定形式较肯定形式更为常用。肯定形式常用于回答可能补语的提问，或表示不太肯定的推测等。如：

In reality, the negative form of a possibility complement is used more frequently than the affirmative one. The affirmative form is often used to answer the questions from the possibility complement, or meaning an uncertain presuming. For example:

（1）A：汉语的新闻你听得懂听不懂？

　　　B：听得懂。

（2）我们试试吧，也许打得开。

4. "把"字句和"被"字句一般不能用可能补语。

Usually, a possibility complement cannot be used in the sentence of 把-structure or 被-structure.

能愿动词"能"与可能补语的比较：
Comparison between the modal verb "能" and the possibility complement:

1. 当表示主观或客观条件允许时，可以用"能 / 不能"，也可以用可能补语。如：

When to express the permission of subjective or objective conditions, both of the modal verb 能 or 不能 and the possibility complement can be used. For example:

（1）今天天气很好，能开运动会。/今天天气很好，开得成运动会。

（2）下大雨了，运动会不能开了。/下大雨了，运动会开不成了。

2. 禁止或制止某种动作行为发生时，只能用"不能+动词"的形式。如：

When to forbid or refrain something from happening, only the modal verb pattern "不能+动词" can be used. For example:

（1）你的腿摔伤了，要休息，不能参加运动会。

（2）小孩子不能玩儿火，玩儿电。

（四）疑问代词的虚指　Nonspecific indication of interrogative pronouns

疑问代词有时并不表示疑问，而是表示不知道、说不出或不需说出的人或事物，表达对人或物的虚指。如：

Sometimes, an interrogative pronoun does not mean to ask questions, but means something or somebody unknown or cannot be spoken out or unnecessary to be spoken out, which expresses a nonspecific indication of somebody or something. For example:

（1）我好像听谁说过这个事。

（2）我好像在哪儿见过他。

（3）我的手机不知道怎么弄丢了。

五、重点词语　Key Words

（一）同时　at the same time

1. [名词] 做状语，用在动词前，表示动作行为在同一个时间发生。主语常是有两个或两个以上成员的名词短语。如：

[n.] It is used as an adverbial before a verb, meaning the actions occur at the same time. The subject is often a noun phrase consisting of two or more members. For example:

（1）哥哥和弟弟同时考上了大学。

（2）他们三个同时走进教室。

（3）我们同时想到了那一个人。

另外，还有"在……的同时"格式，意思是要兼顾或兼有两种或几种情况。"在"可以省略。如：

Besides, there is also a structure of "在……的同时", meaning two or several situations occur or exist at the same time. The word 在 can be omitted. For example:

（1）在努力学习的同时，也要注意休息。

（2）在减肥的同时，一定要保证身体健康。

（3）学汉语的同时，我们还了解到了不少中国文化。

2. ［连词］用在后一分句前，表示更进一层，有"而且、并且"的意思。常与"也、又、还"等配合使用。如：

[conj.] It is used before the second clause, expressing "further on", meaning "and, what's more". It is often used together with 也，又，还 and so on. For example:

（1）他是我的老师，同时也是我的哥哥。

（2）他帮我想了一个好办法，同时还拿钱帮助我。

（3）我们不但要把汉语学好，同时还要把专业学好。

（二）曾经　once, ever

［副词］表示从前有过某种行为或情况，现在已经结束。后面常有表示经历的"过"。如：

[adv.] It refers something existed or happened before and now it is completed. It is often followed by "过", meaning once happened. For example:

（1）他曾经想过出国学习。

（2）这所学校曾经出过一名科学家。

（3）我妈妈曾经告诉过我不要喝酒。

"曾经"和"已经"的比较　Comparison between 曾经 and 已经

1."曾经"和"已经"都表示事情在过去发生。但是"已经"指事情完成，时间一般在不久以前。"曾经"强调过去发生的一种经历，时间一般不是最近。如：

Both 曾经 and 已经 mean what is happened in the past. 已经 means the performance was completed not long ago. 曾经 focuses on the experience of happening in the past, usually long ago. For example:

（1）我已经去了南京博物馆了，确实很不错。

（2）我曾经去过南京博物馆，不过是在好几年前了。

2. "曾经"表示的动作行为或情况现在已经结束；"已经"表示的动作或情况可能还在继续。如：

The action or situation expressed by 曾经 is finished, but that expressed by 已经 may be still continuing. For example:

（1）我曾经在韩国工作过一年。（现在不在韩国）

（2）我已经在韩国工作了一年。（现在还在韩国）

（三）关于 about

［介词］表示涉及的人或事物。后面可以加名词、动词或小句构成介词短语，用在句子前面。如：

[prep.] It indicates sb. or sth. concerned. A noun, a verb or a clause can be added to it to form a preposition phrase, and it is used before a sentence. For example:

（1）关于那个电影，看过的人都说好。

（2）关于怎么提高汉语水平，每个人有不同的方法。

"关于"也可用在句子的中间，跟后面的名词或动词等组合做定语。如：

关于 can also be used in a sentence to combine with the nouns or verbs followed to form an attribute. For example:

（1）他在图书馆查一些关于世界历史的资料。

（2）王教授给我们做了一个关于锻炼和健康的关系的报告。

（四）好像 as if, look like, seem

1.［动词］意思为"像、如"，表示比拟，后带名词、动词或小句做宾语。也可与"一样"等搭配使用。如：

[v.] It means "like, as". It expresses a simile, followed by a noun, a verb or a

clause as an object. It can also be combined with the phrase 一样. For example:

（1）老师很关心我们，好像我们的妈妈。

（2）那儿的风景美极了，好像一幅山水画儿。

（3）他说得好像他真的见过一样。

2.［副词］意思为"仿佛、似乎"。表示不十分确定的推测或感觉。也可与"一样"等搭配。如：

[adv.] It means "as if, it seems", expressing an unsure assuming or feeling. It can also be combined with the phrase 一样. For example:

（1）我好像在哪儿见过他。

（2）他好像没睡醒一样。

（3）他今天好像有点儿不高兴。

"好像"有时表示情况表面上如此，但实际上不是这样。如：

Sometimes, the phrase 好像 means that it looks like this, but it is actually not. For example:

（1）这个箱子很大，好像很重，其实不太重。

（2）那块表好像是名牌，但其实是假的。

六、练习 Exercises

（一）朗读短语　Read the following phrases

看得见	听得懂	想得通	走得过去
写不完	找不到	打不开	弄不清楚
可冷了	可疼了	可好吃了	可热情了
同时起飞	同时下车	曾经来过	曾经想过

好像一条巨龙　　好像吃了一个虫子　　好像听谁说过　　好像回来了

不知道怎么弄坏了　　哪天出去玩儿玩儿　　什么时候去看看老朋友

(二) 替换练习　Substitutions

1. A：你 看得懂 这本书 吗？
   B： 看得懂 。

听得懂	这首英文歌
打得开	这个盒子
做得完	老师布置的作业
修得好	那台笔记本电脑

2. A： 黑板上的字 你 看得清看不清 ？
   B： 看不清 。

那些水果	吃得完吃不完	吃不完
汉语节目	演得好演不好	演不好
这种CD	买得到买不到	买不到
这件衣服	洗得干净洗不干净	洗不干净

3. 中国的饺子 可 好吃 了。

那个电影	好看
昨天的晚会	热闹
小王做作业	认真
张老师的孩子	活泼

4. 关于 长城 ， 我知道的不多 。

女朋友的问题	他不想多说
怎么布置新房	网上有很多资料
出国留学的事情	你该去问父母
这个词的用法	我们已经学过了

5. 他好像我们的大哥。

长城	一条巨龙
月亮	一条弯弯的小船
他做事	大人一样
她笑的时候	一朵(duǒ)花

6. 他好像不知道这件事。

我们	见过面
外边	要下雨
今天的考试	不太容易
我女朋友的妈妈	不喜欢我

（三）根据课文回答问题 Answer the questions according to the text

1. 南京长江大桥分哪两层？
2. 公路桥长多少米？
3. 铁路桥有多宽？
4. 南京长江大桥为什么很有名？
5. "我"为什么想爬长城？
6. "我"在长城上感觉怎么样？
7. 长城是什么时候开始建的？现在有多长？
8. "不到长城非好汉"是什么意思？

（四）选词填空 Fill in the blanks

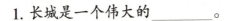
建筑　设计　铺　当时　古代　弯　伸　刻　继续　了不起

1. 长城是一个伟大的_____。
2. 他在桌子上_____了一张报纸。
3. 这座大楼是一个外国人_____的。

4. 这个房子的墙上_____着很多字。

5. 长城在_____的时候可以防止敌人进来。

6. 坐火车的时候不能把头_____到窗户外边去。

7. 他年纪最小,却拿到了冠军,真是_____!

8. 他去了一趟厕所,回来以后_____睡觉。

9. 从这儿到山上只有一条_____ _____的小路。

10. 妈妈_____让我不要去,我没有听她的话。

(五) 请比较后选择填空 **Choose the right one by comparison**

| 可 真 挺 太 |

1. 小王那个人的脾气真是_____坏了!

2. 我觉得那个电影_____让人感动的。

3. 这儿的东西_____便宜!我们多买点儿吧。

4. 我们学校的环境_____好了,有机会你过来玩儿玩儿吧。

| 能 能够 |

1. 请问,这儿_____不_____吸烟?

2. 他的嗓子好多了,_____说话、唱歌了。

| 有名 著名 |

1. 那个明星在跳舞方面很_____。

2. 他在一所世界_____的大学学习。

| 鼓励 鼓舞 |

1. 老师的话给了他极大的_____。

2. 虽然没考好,但老师还是_____他继续努力。

（六）根据例子用可能补语完成句子

Complete the following sentences with possibility complements after the modal

例句：下雨　去　公园
→ 下雨了，去不成公园了。/
下雨了，去得成去不成公园？/ 下雨也去得成公园。

1. 图书馆　借　书

2. 公共汽车　挤　上去

3. 河　桥　过去

4. 买书　很多　看　完

5. 出发　太早　起来

6. 腿　伤　参加

（七）改错句　**Correct the following sentences**

1. 这首中国歌可好听。
2. 两年前我曾经去了北京。
3. 我不看得见黑板上的字。
4. 请问我进得来吗？
5. 你听得懂听不懂老师说的话吗？
6. 两碗饺子我吃得不完。
7. 妈妈正在做饭，同时也听音乐。
8. 他锻炼身体不断，所以身体很健康。

(八) 连词成句 Make up sentences with the words given

1. 什么　现在　想　我　吃　点儿

2. 你们　教室　门　进　去　不　的

3. 好像　本　在　见过　这　哪儿　我　书

4. 衣服　那　的　商场　可　了　个　贵

5. 我　他　工作　和　到　同时　了　找

6. 我的　丢　怎么　不　弄　表　了　知道

7. 我们　休息　上课　一会儿　了　又　继续

8. 我们　汉语　提高　水平　地　的　正在　不断

9. 他　小说　爱情　关于　全　的　写　是　的　都

(九) 综合填空 Fill in each of the blanks with a proper word

一只乌鸦口渴了，到_____找水喝。它看到了一个瓶子，里面还有水。乌鸦高兴_____了，就赶快过去想喝瓶子里的水。它_____嘴伸进瓶子里，可是瓶子里的水太少了，它试了好几次，怎么也喝_____到。乌鸦想了一个_____法，它去找了一些小石头，_____石头放进瓶子里。瓶子里的水渐_____变高了，乌鸦_____嘴伸进瓶子里，这一_____，乌鸦就喝到水了。

（十）阅读理解　Reading comprehension

　　大概在公元前（gōngyuánqián B.C）7世纪（shìjì century），在中国有很多个小诸侯（zhūhóu dukes or princes under an emperor）国，他们为了防止别国的入侵（rùqīn inbreak），就先后修建了长长的高墙，那时候叫"方城"。每个国家有一段"方城"，那些"方城"不连接在一起。公元前3世纪，秦始皇（Qínshǐhuáng the first emperor in China history）把中国变成了一个统一的国家，就把各个国家的"方城"连接起来，连成一个"长城"。从那个时候开始，长城经历了很多朝代（cháodài dynasty）的修建，一直到17世纪。如果把各个朝代修筑的长城加起来，一共超过5000公里。

　　远看长城，像一条长龙，盘旋（pánxuán circle）在高山之间。从最东边到最西边，有1.3万多里。

　　长城城墙高平均7.8米，顶（dǐng peak）宽7.8米，最高的地方有14米。城墙上铺着方砖，十分平整，像很宽的马路，五六匹（pǐ measure word for horses）马可以同时经过。城墙两边有两米多高的垛子（duǒzi battlements），垛子上有方形的口，可以在这些垛口上向远方看，或者朝敌人开火。城墙顶上，每三百多米就有一座方形的城台，是士兵（shìbīng soldier）待的地方。

　　古代的时候没有什么工具，能修建出这么巨大的工程（gōngchéng engineering），确实是一件了不起的事。特别是它不是一般的土墙，它是用巨大的条石和城砖筑成。有人计算（jìsuàn calculate）过，如果把长城所用的砖、石和土，筑成一道2米厚、4米高的围墙，可以围地球（dìqiú earth）一周。不用说烧制这些砖石，就是把它们送到高山上，已经是十分巨大的工程。所以，来长城旅游的人都深深感到，中国的万里长城确实是世界上一个伟大的奇迹（qíjì miracle）。

根据短文选择正确答案　Choose the right answer according to the passage

　　1. 长城是什么时候被连接在一起的？
　　　　A. 2700年前　　B. 2300年前　　C. 2000年前

2. 这篇文章没有提到长城的哪个方面？

   A. 历史   B. 作用   C. 建筑工人

3. 长城上没有什么？

   A. 马路   B. 垛口   C. 城台

4. 根据短文，下面哪种说法正确？

   A. 一直到现在，长城还在修建。

   B. 长城最长的时候曾经超过五千公里

   C. 长城是一个了不起的工程

文化小贴士　Proverbs

桥归桥，路归路。

Qiáo guī qiáo, lù guī lù.

To deal with different things separately.

本课听说生词

New words in listening exercises

针　地　够　手术　反　生意　傻　脏　作用

日期　罚　款　挂失　背　琴　喊　包括　一块

儿　意思　哎　鬼　可怕　好处

第四十课　复习(八)

Lesson 40　Review 8

一、课文　Text

在我十岁那年，我们家买了一辆卡车。当时交通工具不像现在这么多，有一辆自己的卡车是一件很让人羡慕的事情。爸爸非常爱惜这辆卡车，每天都把它擦干净以后再开出去干活儿，每次开出去的时候他都非常得意。我跟两个弟弟都很想坐上去试一试，但是爸爸怎么都不同意。

有一天爸爸去邻居家喝酒，傍晚回来的时候已经喝得有些醉了。他有一个特点，一喝酒就很好说话，让他干什么他都答应。我们就利用这个机会向他提出了我们小小的愿望。听了我们的话，他马上就答应了。我带着弟弟高兴地爬上了车。爸爸心情很好，一边唱歌一边开车。我和弟弟也很兴奋，睁大了眼睛左看看，右看看。没想到，开了一会儿要拐弯儿时，爸爸不小心把车开到路旁边的小河里去了。我们吓得又哭又喊。我虽然会游泳，但是因为既害怕又紧张，我一点儿也游不动了，喝了好多水。我吓得大喊："救命啊！救命啊！"这时，爸爸的酒一下子全醒了，他赶快游过来，把我们一个个从水里抱到了岸上。

一进家门，妈妈就看到了我们，她非常吃惊地问："你们怎么全身都湿了？你胳膊上还有血，这是怎么回事？"我低头一看，胳膊上破了一块，把衣服都染红了。我开始大哭，妈妈安慰了我好长时间我才慢慢地平静了。

那件事发生以后，我有了一个很大的变化——我不敢坐车了。这给我带来了不少的麻烦。必须坐车的时候，我常常一上车就赶快找座位坐下来，低着头，不敢往前看，就这样过了两三年才渐渐好一点儿。直到遇到现在的丈夫，他开车的技术非常棒，才让我克服了对车的恐惧。

那件事已经过去十多年了，我现在也不再害怕坐车了，可每次想起来的时候，我就觉得既有意思又可笑。

根据《留学随园》第59期《我的恐车症》改编

作者　梁东淑

二、生词 New Words

1. 卡车	n.	kǎchē	lorry, truck	甲
2. 爱惜	v.	àixī	cherish, treasure	丁
3. 活儿	n.	huór	work, job, things	甲
4. 得意	adj.	déyì	proud of oneself, complacent	丙
5. 醉	v.	zuì	drunk, indulge in	乙
6. 特点	n.	tèdiǎn	characteristic, peculiarity	乙
7. 提	v.	tí	carry, raise, mention	甲
8. 愿望	n.	yuànwàng	desire, wish, aspiration	乙

第四十课　复习（八）

9. 睁	v.	zhēng	open (one's eyes)	乙
10. 拐弯儿	v.o.	guǎi wānr	separable word	丙
11. 吓	v.	xià	scare, frighten	乙
12. 救	v.	jiù	rescue, save help	乙
13. 命	n.	mìng	life, fate, destiny	丙
救命	v.o.	jiù mìng	help	
14. 岸	n.	àn	bank, shore, beach, coast	乙
15. 胳膊	n.	gēbo	arm	乙
16. 血	n.	xiě	blood	乙
17. 染	v.	rǎn	dye; come down with	乙
18. 安慰	v., adj.	ānwèi	comfort, console	乙
19. 平静	adj.	píngjìng	calm, quiet, tranquil	乙
20. 敢	aux.	gǎn	dare, have courage to	甲
21. 直到	v.	zhídào	until, up to	乙
22. 技术	n.	jìshù	technology, skill, technique	甲
23. 棒	adj.	bàng	good, fine, excellent	丙
24. 克服	v.	kèfú	overcome, get over	乙
25. 恐惧	adj.	kǒngjù	horrify, fear, dread	丁
26. 可笑	adj.	kěxiào	ridiculous, funny, laughable	丙

本课新字 New Characters

醉　睁　吓　救　命　岸　胳　膊　血
染　慰　敢　技　棒　克　恐　惧

323

三、注释 Notes

(一) 一喝酒就很好说话
It is easy to agree with each other while having a drink together

"好说话"的意思是很容易沟通，痛快地答应别人的请求。

The expression 好说话 means that it is easy to communicate and to satisfy one's inquiry easily.

(二) 我不敢坐车了　I dare not ride in a car as before

"敢"是助动词，表示有胆量做某件事情。如：

The word 敢 is an auxiliary word, meaning to be brave enough to do something. For example:

我很怕他，不敢跟他说话。

四、练习 Exercises

(一) 根据课文回答问题
Answer the questions according to the text

1. 开始的时候爸爸让"我们"坐他的车吗？为什么？
2. 爸爸有个什么特点？
3. "我"向爸爸提出了什么愿望？
4. "我们"在车上的时候发生了什么事情？
5. 妈妈看到"我们"为什么很吃惊？
6. 那件事发生以后，"我"有了什么变化？

（二）选词填空　Fill in the blanks

> 继续　　好像　　占　　临时　　各　　染　　哪儿　　左右

1. 我的机票都买好了，可是_____有事儿不能去了。
2. 大家先休息一下儿，十分钟以后我们_____开会。
3. 我们都已经十多年没见过面了，我_____知道他的电话号码。
4. 他的头发原来是黑色的，去年_____成了红色。
5. 学校的前边和后边_____有一个门。
6. 图书馆里有很多学生用书_____座位。
7. 走路的话，二十分钟_____就能到。
8. 他的心情_____不太好，一个上午都没说话。

> 连……都……　　除了……以外　　既……又……
> 不仅……还……　　可……了

1. 对我来说，她_____是我的朋友，_____是我的老师。
2. 张阿姨_____帮你安排好了住的地方，_____给你找了一个导游。
3. 他_____要忙自己的工作_____，还要照顾几个孩子。
4. 他说话_____有意思_____。
5. 那里的条件很差，_____电风扇_____没有。

（三）填写恰当的可能补语

Fill in the blanks with the proper possibility complements

1. 我买_____回家的火车票，只好一个人过春节。
2. 这么多作业一天肯定做_____。
3. 你写的字太小了，我看_____。
4. 这个箱子太重了，我拿_____。
5. 没有人猜_____他想要做什么。

6. 他生了一场大病，从那以后他的眼睛就看_____了。

7. 钥匙是不是拿错了？打_____门。

8. 门是关着的，车开_____。

（四）用括号里的词语或结构改写句子
Change the sentences with the words or structures given

1. 我不能相信他。（怎么……）
   _____？

2. 这个地方的每个人都认识他。（没有……不……）
   _____。

3. 身份证被我弄丢了。（把）
   _____。

4. 我把点心送给丁荣了。（被）
   _____。

5. 别人的名字我都记得，只有他的名字我忘了。（除了……以外，都……）
   _____。

6. 他什么都不喜欢，包括电影。（连……都……）
   _____。

（五）用"把"和括号里的词完成句子
Complete sentences with "把" and the words given

1. 我弟弟_____，我要送去修。（手机，弄，坏）

2. 他喝了酒以后开车，_____。（一个路人，撞，伤）

3. 我做了一晚上，终于_____。（作业，做，完）

4. _____，那儿太脏了。（别，衣服，放，那儿）

5. 听说你有一辆自行车，_____？（能，借，给，我）

6. 他离开房间的时候，_____。（没，空调，关，上）

7. 我_____，火车开了我才走。（送，他，到，火车上）

8. 他在城里找了一份工作，所以_____。（想，家，搬，到，城里）

（六）连词成句 **Make up sentences with the words given**

1. 箱子　动　这　不　我　个　拿

    _____

2. 衣服　把　没　干净　洗　他

    _____

3. 好像　他　生气　为　什么　正在　事情

    _____

4. 孩子　的　长　得　个个　他　漂亮　都　很

    _____

5. 激动　他　得　说　话　出　不　了

    _____

6. 不　她　休息　得　好

    _____

（七）把括号里的词填入适当的位置

Put the words in the parentheses at the proper position

1. 我平时 A 喜欢 B 打篮球 C 游泳，D 还喜欢爬山。　（除了）
2. 我用了 A 一个 B 小时 C 的时间 D 爬到了山顶。　（左右）
3. 南京的夏天 A 很 B 热，冬天 C 冷 D 了。　（可）
4. A 没有 B 谁 C 知道 D 那个故事。　（不）
5. A 我们 B 把 C 点的菜 D 吃完了。　（都）
6. 他 A 给公司谈成了 B 几个大生意，C 还 D 省了很多钱。　（并且）

7. A 我们 B 在这个方面 C 没有 D 经验。　　　　　　（什么）

8. 爸爸 A 把 B 车 C 停在 D 停车场。　　　　　　　（没有）

（八）改错句　Correct the following sentences

1. 你放水果在桌子上。

2. 他连一句也没说话。

3. 弟弟把作业没做完。

4. 我把杯子里放了一些水。

5. 菜太少了，我不能吃饱。

6. 我的钱不够，买不到那件衣服。

7. 各个人都有自己的兴趣和爱好。

8. 食堂天天的菜都不一样。

（九）综合填空　Fill in each of the blanks with a proper word

朋友_____我星期五去郊区玩儿，我很高兴_____答应了。这天一大早，我们就出发了。我们是开车去_____。天气不错，我们的心情也像这天气一样好。可是车开着开着，_____然坏了。车子是一个朋友的，她说这车以前从来没有出过毛病。没办法，我们只好打车去了。到了那儿，我们几个人_____别租了一匹马。别人骑得都好好的，可是我刚上去，那匹马就_____我摔到了地上，手都摔破了，流了好多_____。唉，这天可真是倒霉的一天！

（十）阅读理解　Reading comprehension

我刚到中国的时候，中国的事情、中国人的习惯什么都不懂，语言也不通，但这是我第一次离开家自己生活，我还是感到非常兴奋。

过了几天，为了体验（tǐyàn　experience）一下中国人的生活，我一个人

第四十课 复习（八）

去菜市场买东西。市场里的东西种类很多，虽然没买什么，可我逛得很高兴。逛了一会儿，我忽然发现一个卖西瓜的小摊儿（tānr vendor's stand），摊儿上的西瓜又大又圆，瓜皮绿绿的，一看就让人觉得很好吃。旁边还有一个牌子，上面写着"西瓜三毛钱"。我一看非常高兴，心里想：中国的物价就是便宜，才三毛钱就能买到这么大的西瓜。但是我不是很肯定，就问老板："真的是三毛钱吗？"他点点头，肯定地说："没错儿，是三毛，你喜欢哪个随便挑。"听完以后，我放下心来，仔细地挑了一个最大的西瓜，然后拿出了三毛钱给老板。老板吃惊地看着我，又看了看我手中的西瓜，对我说："不是三毛，是四块钱。"我一听就生气了，想起了朋友告诉我的话。心里想：今天真的遇到骗子了。我用不太流利的汉语一个字一个字地对他说："因为我是外国人，你就骗我？"老板想了一会儿，这才好像明白是怎么回事儿。他笑了笑说："好吧，三毛就三毛，算我请你的。不过你回去以后要好好学汉语！"

我高高兴兴地带着西瓜回到了宿舍，把刚才发生的事情仔仔细细地讲给了朋友听。朋友们听完都哈哈大笑，我这才明白，脸一下子红了。

根据短文选择正确答案 Choose the right answer according to the passage

1. 我刚来中国的时候怎么样？
   A. 不了解中国的习惯　　B. 汉语很流利　　C. 很喜欢吃西瓜

2. 那个摊儿的西瓜怎么卖？
   A. 三毛钱一斤　　B. 三毛钱一个　　C. 三毛钱一堆

3. 下面哪个说法是错的？
   A. 那个西瓜摊儿的老板是个骗子
   B. 我误会那个老板了
   C. 我花了三毛钱买了一个西瓜

> 文化小贴士　Proverbs

路遥知马力，日久见人心。

Lù yáo zhī mǎ lì, rì jiǔ jiàn rén xīn.

Long distance tests a horse while long time tests a person.

本课听说生词
New words in listening exercises

任务　帮忙　拒绝　孕妇　递　结　结冰　大衣
骂　论文　环保　感激　顺利　万事如意　打工
挣　市场　鱼香肉丝　炒　主食　米饭　买单
游客　集合　遗憾

语法项目索引
Index of grammar

B

"把" 字句 (1) ················ 37
"把" 字句 (2) ················ 38
被动句 (1)："被" 字句 ······· 32
被动句 (2)：意义被动句 ······ 34
比较句 (3) ···················· 28
比较句 (1)："比" 字句 ······· 26
比较句 (2)：跟……一样 ····· 27
补语 "起来" ···················· 38
不但……而且…… ············· 27
不仅……而且…… ············· 37

C

称数法 (3)：万以上的数字 ······ 27
程度补语 (2)：……极了 ········ 21
程度补语 (3)：形容词+得多/多了 26
除了……以外，……还/都…… 38
存现句 ························· 34

D

动词重叠 (2) ················· 23
动量补语 ······················· 31
动态助词 "了" ················ 23

F

反问句 (1) ···················· 22

反问句 (2) ···················· 36

G

概数的表达 (2)：几 ·········· 24
概数的表达 (3)：左右 ········ 37
概数的表达 (4)：多 (2) ······ 39
感叹句 ························· 29

J

既……又…… ················· 37
结果补语 (1)：错、完、见 ··· 23
结果补语 (2)：好、着 ········ 24
结果补语 (3)：开、到 ········ 26
结果补语 (4)：给、走 ········ 28
结果补语 (5)：遍、光 ········ 32
结果补语 (6)：满、上 ········ 33
紧缩复句 ······················· 37
尽管……但是…… ············· 34
经历和经验的表达：动词+过 ··· 31

K

可……了 ······················· 39
可能补语 ······················· 39
快/要/就要……了 ············· 28

L

离合动词 ······················· 24

连……都/也…… …………… 36
量词重叠 …………………… 36

N
能愿动词 (3) "会" ………… 27

Q
趋向补语 (1)：动词 + 来/去 … 29
趋向补语 (2)：复合趋向补语 … 33

R
如果……那么/就…… ………… 24

S
时量补语 ……………………… 24
"是……的" 句 (1) …………… 34
双重否定 ……………………… 38
虽然……但是…… …………… 26

T
太……了 ……………………… 21

W
无主语句 ……………………… 29

X
先……然后…… ……………… 33

小数、分数、倍数 …………… 27
形容词重叠 …………………… 28
序数的表达 …………………… 29
询问原因 ……………………… 21

Y
一……就…… ………………… 29
疑问代词表任指 (1)：谁、哪儿 31
疑问代词表任指 (2)：什么、怎么 32
疑问代词的虚指 ……………… 39
疑问句 (12) …………………… 22
因果复句 ……………………… 21
语气助词 "了" (1) …………… 22
语气助词 "了" (2) …………… 28
越来越…… …………………… 23
越……越…… ………………… 32

Z
只要……就…………………… 33
主谓谓语句 (2) ……………… 31
助词 "着" …………………… 33
状态补语 (2) ………………… 36
状语和结构助词 "地" ………… 21

重点词语索引
Index of key words

B
本来 37

C
才（2） 21
曾经 39
差不多 26
趁 37

D
到处 32
得 26

F
分别 29
否则 38

G
刚 24
刚才 22
各 36
更加 34
关于 39

H
好像 39

还 22

J
几乎 38
渐渐 33
接着 32

L
连忙 33
临 36
另外 22

M
……迷 31

Q
其他 32
其中 38
全 27
却 23
确实 38

S
什么的 27

T
替 29
同时 39

W
为了 28

X
向 24

Y
一点儿 22
一下子 33
以来 34
因此 34
又 23
原来 26

Z
这么 21
正好 29
终于 28
作为 31

功能项目索引
Index of activities

B
比较 ………………………… 26

C
参观 ………………………… 39

D
动作趋向的描述 ……………… 29

J
交通、婚礼 …………………… 22
介绍一个城市或国家 …………… 27

L
旅游 ………………………… 37

M
描述心情 ……………………… 36

P
评价、取钱 …………………… 21

R
人物描写 ……………………… 33

S
生病、就医 …………………… 23

T
谈论城市变化、休闲方式 …… 34
谈论经历 ……………………… 31
谈论事情的经过 ……………… 32

X
修理、生日 …………………… 28
选择、道歉 …………………… 24

Y
饮食 ………………………… 38

词语总表
Vocabulary

A

阿姨	35
哎呀	22
爱	23
爱情	31
爱惜	40
安排	33
安全	21
安慰	40
岸	40
暗	32

B

摆	35
搬	34
办理	37
傍晚	29
棒	40
包裹	28
饱	35
保护	27
保修期	28
报名	36
抱	30
碑	39
背	33
倍	27
被	32
本来	37
鼻子	23
比	26
比如	25
必须	28
遍	31/32
表情	30
表示	35
表现	33
表演	31
表扬	31
饼	38
博物馆	24
不但……而且	27
不断	39
不过	26
不好意思	24
不仅	37
不同	31

C

猜	29
踩	32
菜场	24
菜单	38
参观	24
茶社	34
差不多	26
场	31
吵	24
衬衫	23
趁	37
成	27
城	28
吃惊	22
抽	31
出门	26
出现	37
除了……以外	38
传统	31
窗	37
窗户	26
窗帘	26
吹	32
从来	27
葱	38
醋	38
错	23
错误	33

D

答应	22
打折	26
打针	23
大多数	26
大声	29
单子	21
担心	23
当时	39
倒霉	32
到处	32
道	39
道歉	24
……的话	26
得	26
得意	40
登	37
敌人	39
地	21
地铁	22
点心	29
顶	39
订	26
东	37
动员	36
冻	38
度	23
度过	35
端	35
短期	33
段	27
堆	29
顿	30
多么	36
躲	32

F

发烧	23
发展	27
方	27/29
方面	25
防止	32
房子	24
放	33
非	39
非洲	27
分	22/25
分别	29
……分之	27
份	28
风	26
风俗	25
否则	38
夫子庙	27
服务	21
付	28
副	33

G

改变	34
改革	34
盖	34
干杯	35
赶快	29
敢	40
感到	21
感觉	23
刚	24
刚才	22
胳膊	40
各	36
各种各样	34
更	27
更加	34
工具	39
工业	22
公路	39
贡献	36
古代	39
古迹	27
鼓励	36
鼓舞	39
故事	31
刮	26
拐弯儿	40
拐杖	33
关于	39
光	32
广播	21
规律	25

词语总表

轨道 …………… 39	回来 …………… 22	江 ……………… 39
过 ……………… 28	婚礼 …………… 22	将来 …………… 36
过 ……………… 31	活儿 …………… 40	奖学金 ………… 36
过来 …………… 29	活泼 …………… 36	酱 ……………… 38
过去 …………… 25		交换 …………… 31
	J	交流 …………… 28
H	机场 …………… 30	交通 …………… 24
哈哈 …………… 29	机器 …………… 21	郊区 …………… 24
寒假 …………… 30	鸡 ……………… 38	教育 …………… 36
旱 ……………… 27	基础 …………… 36	教育部 ………… 36
旱季 …………… 27	激动 …………… 30	接着 …………… 32
好汉 …………… 39	极了 …………… 21	节假日 ………… 37
好好儿 ………… 38	急忙 …………… 28	节目 …………… 31
好玩儿 ………… 29	几乎 …………… 38	结果 …………… 36
好像 …………… 39	挤 ……………… 32	结婚 …………… 22
合 ……………… 35	计划 …………… 26	结束 …………… 22
合影 …………… 29	记 ……………… 23	解释 …………… 22
盒子 …………… 29	记得 …………… 36	紧 ……………… 30
红茶 …………… 34	技术 …………… 40	尽管 …………… 34
后 ……………… 31	季节 …………… 27	进步 …………… 21
后悔 …………… 23	既 ……………… 37	进口 …………… 28
后来 …………… 21	继续 …………… 39	进来 …………… 33
厚 ……………… 23	夹 ……………… 38	经济 …………… 21
忽然 …………… 28	家乡 …………… 30	经验 …………… 38
花 ……………… 32	检查 …………… 23	精彩 …………… 31
花园 …………… 34	简单 …………… 33	景区 …………… 37
……化 ………… 38	见面 …………… 24	纠正 …………… 33
怀疑 …………… 30	建 ……………… 34	救 ……………… 40
坏 ……………… 28	建筑 …………… 39	救命 …………… 40
回 ……………… 31	渐渐 …………… 33	就是 …………… 24

337

居民区 34
巨大 34
卷 38
决定 24
决心 36

K

卡车 40
开放 34
开心 28
看来 32
看样子 26
烤 38
靠 37
咳嗽 23
可 39
可笑 40
克服 40
刻 39
肯定 30
空 33
空中 37
恐惧 40
口味 35
快餐 34
宽 34
困难 25

L

拉 26

辣椒 38
缆车 39
朗诵 36
雷 32
离开 23
礼貌 21
历史 21
利用 31
连……都/也 36
连忙 33
凉 33
凉快 27
两 38
亮 34
量 23
了 22
列 39
临 36
临时 37
淋 32
零件 28
另 24
另外 22
流 30
留学 36
龙 39
路上 32
路线 35
绿茶 34

M

满 33
毛衣 23
冒 32
没 22
美 27
美好 35
美丽 30
美术 36
门 25
……迷 31
面 38
面积 27
描写 31
名 25
名片 27
名胜 27
明年 31
明星 35
命 40

N

内容 36
那么 26
耐心 25
南方 27
难得 36
能够 39
嗯 29

词语总表

泥 34
牛仔裤 23
农村 36
农民 36
弄 37
暖 33
暖气 27

P

怕 28
排队 28
牌 34
盘 35
跑 33
批评 32
皮 38
脾气 29
票 22
品种 35
平方 27
平静 40
破坏 39
铺 39

Q

期间 37
其次 37
其实 30
其他 32
其中 38

奇怪 21
起来 38
气候 27
汽水 35
敲 23
切 38
清楚 25
情景 36
晴 26
取 21
取消 26
全 27
缺点 26
却 23
确实 38

R

染 40
热闹 22
人口 27
人们 27
人行道 39
人员 21
认为 36
认真 21
扔 29
如果 24

S

嗓子 23

沙发 21
上 33
上来 38
舍得 36
设计 39
伸 39
生病 23
生气 24
省 32
剩 35
失眠 24
湿 32
十分 30
什么的 27
石头 39
世界 29
试卷 25
适应 30
收 28
手表 28
手续 37
首都 38
首先 37
受 34
舒适 34
蔬菜 38
熟练 25
暑假 31
束 35
水平 28

339

酸 ………… 28	偷 ………… 32	系 ………… 22
虽然 ……… 26	投 ………… 33	吓 ………… 40
所 ………… 22	图 ………… 35	现代 ……… 38
	推 ………… 33	现代化 …… 38
T	腿 ………… 28	馅 ………… 38
态度 ……… 21		相信 ……… 27
汤 ………… 38	**W**	想念 ……… 30
烫 ………… 38	外面 ……… 29	向 ………… 24
趟 ………… 33	外套 ……… 26	校园 ……… 31
套 ………… 24	弯 ………… 39	心 ………… 30
特点 ……… 40	完 ………… 23	欣赏 ……… 26
提 ………… 40	晚点 ……… 26	兴奋 ……… 29
提高 ……… 25	微笑 ……… 33	星星 ……… 34
提前 ……… 26	为了 ……… 28	幸福 ……… 22
体温 ……… 23	围巾 ……… 28	雄伟 ……… 39
体育 ……… 35	伟大 ……… 36	修 ………… 28
替 ………… 29	位置 ……… 37	修建 ……… 39
天 ………… 37	味道 ……… 34	需要 ……… 23
天真 ……… 36	温度 ……… 26	许多 ……… 34
甜 ………… 29	温暖 ……… 30	选择 ……… 22
条 ………… 23	文字 ……… 25	学期 ……… 25
跳 ………… 36	问好 ……… 37	雪 ………… 27
铁路 ……… 39	问题 ……… 22	雪景 ……… 29
听见 ……… 21	屋子 ……… 35	血 ………… 40
挺 ………… 24	物理 ……… 22	
通 ………… 23	物品 ……… 37	**Y**
通过 ……… 25		鸭(子) …… 38
通知 ……… 36	**X**	严重 ……… 23
同时 ……… 39	西 ………… 37	眼镜 ……… 33
痛 ………… 28	洗澡 ……… 24	眼泪 ……… 30

演员 …………… 31	原谅 …………… 24	中餐 …………… 31
邀请 …………… 22	愿望 …………… 40	中山陵 ………… 27
夜里 …………… 26	约 ……………… 24	终于 …………… 28
夜晚 …………… 34	越来越 ………… 23	钟头 …………… 32
一半 …………… 25	云 ……………… 37	种 ……………… 34
一定 …………… 22		煮 ……………… 38
一会儿 ………… 24	**Z**	注意 …………… 21
一生 …………… 30	糟糕 …………… 28	著名 …………… 39
一下子 ………… 33	曾经 …………… 39	专业 …………… 27
一些 …………… 23	占 ……………… 37	转 ……………… 32
已经 …………… 24	站 ……………… 30	装 ……………… 29
以来 …………… 34	丈夫 …………… 22	准 ……………… 32
亿 ……………… 27	着 ……………… 24	准时 …………… 26
意外 …………… 37	着急 …………… 24	仔细 …………… 22
因此 …………… 34	着 ……………… 33	紫 ……………… 28
因为 …………… 21	这么 …………… 21	字幕 …………… 31
应该 …………… 25	睁 ……………… 40	自 ……………… 31
影响 …………… 38	整个 …………… 32	租 ……………… 24
硬币 …………… 33	正好 …………… 29	最 ……………… 23
优美 …………… 31	证件 …………… 37	最好 …………… 35
悠久 …………… 27	之前 …………… 37	醉 ……………… 40
友谊 …………… 30	织 ……………… 29	尊敬 …………… 36
雨衣 …………… 32	直到 …………… 40	左右 …………… 37
语音 …………… 33	只 ……………… 23	作为 …………… 31
预报 …………… 26	只要 …………… 33	座位 …………… 33
遇到 …………… 31	指导 …………… 29	做客 …………… 35
原来 …………… 26	至今 …………… 31	

专名 Proper Nouns

B
保罗 31

C
春节 30

F
非洲 27
夫子庙 27

H
黄山 26

N
南京长江大桥 39

尼日利亚 27

Q
全聚德 38

S
时代商场 32
首尔 30

Z
中山陵 27